اردو تہذیب

(مضامین)

سید سبطِ حسن

Urdu Tahzeeb *(Literary Essays)*
by: Syed Sibt-e-Hasan
Edition: September '2024
Publisher :
Taemeer Publications LLC (Michigan, USA / Hyderabad, India)

ISBN 978-93-5872-710-4

کتاب	:	**اردو تہذیب** (مضامین)
مصنف	:	**سید سبطِ حسن**
صنف	:	غیر افسانوی نثر
ناشر	:	تعمیر پبلی کیشنز (حیدرآباد، انڈیا)
سالِ اشاعت	:	۲۰۲۴ء
صفحات	:	۱۶۴
سرورق ڈیزائن	:	تعمیر ویب ڈیزائن

فہرست

(۱)	تہذیب کی تعریف	6
(۲)	تہذیب سے تمدن تک	48
(۳)	اردو رسم الخط کی اصلاح	69
(۴)	مسئلہ زبان اور قومی تقاضے	85
(۵)	فورٹ ولیم کالج	96
(۶)	لوح و قلم کا معجزہ	114
(۷)	زندگی کی نقش گری	121

تہذیب کی تعریف

ہر قوم کی ایک تہذیبی شخصیت ہوتی ہے۔ اس شخصیت کے بعض پہلو دوسری تہذیبوں سے ملتے جلتے ہیں، لیکن بعض ایسی انفرادی خصوصیتیں ہوتی ہے جو ایک قوم کی تہذیب کو دوسری تہذیبوں سے الگ اور ممتاز کرتی ہیں۔ ہر قومی تہذیب اپنی انہیں انفرادی خصوصیتوں سے پہچانی جاتی ہے۔

جب سے پاکستان ایک آزاد ریاست کی حیثیت سے وجود میں آیا ہے، ہمارے دانشور پاکستانی تہذیب اور اس کے عناصر ترکیبی کی تشخیص میں مصروف ہیں۔ وہ جاننا چاہتے ہیں کہ آیا پاکستانی تہذیب نام کی کوئی شئے ہے بھی یا ہم نے فقط اپنی خواہش پر حقیقت کا گمان کر لیا ہے اور اب ایک بے سود کوشش میں لگے ہوئے ہیں۔ پاکستانی تہذیب کی تلاش اس مفروضے پر مبنی ہے چونکہ ہر ریاست قومی ریاست ہوتی ہے اور ہر قومی ریاست کی اپنی انفرادی تہذیب ہوتی ہے۔ لہٰذا پاکستان کی بھی ایک قومی تہذیب ہے یا ہونی چاہئے۔

لیکن پاکستانی تہذیب پر غور کرتے وقت ہمیں بعض امور ذہن میں رکھنے چاہئیں۔ پہلی بات تو یہ ہے کہ ریاست فقط ایک جغرافیائی یا سیاسی حقیقت ہوتی ہے۔ چنانچہ یہ ضروری نہیں ہے کہ ریاست اور قوم کی سرحدیں ایک ہوں۔ مثلاً جرمن قوم ان دنوں دو آزاد ریاستوں میں بٹی ہوئی ہے۔ یہی حال کوریا اور ویت نام کا ہے۔ مگر جب ہم جرمنی اور

کوریا یا ویت نام کی قومی تہذیب سے بحث کریں گے تو ہمیں مشرقی اور مغربی جرمنی، جنوبی اور شمالی کوریا اور جنوبی اور شمالی ویت نام کو ایک تہذیبی یا قومی وحدت ماننا پڑے گا۔ دوسری بات یہ ہے کہ ریاست کے حدود اربع گھٹتے بڑھتے رہتے ہیں۔ مثلاً پاکستان کی سرحدیں آج وہ نہیں ہیں جو ۱۴؍اگست ۱۹۴۷ء کو تھیں۔ مگر قوموں اور قومی تہذیبوں کے حدود بہت مشکل سے بدلتے ہیں۔

تیسری بات یہ ہے کہ بعض ریاستوں میں ایک ہی قوم آباد ہوتی ہے۔ جیسے جاپان میں جاپانی قوم، اٹلی میں اطالوی قوم اور فرانس میں فرانسیسی قوم۔ ایسی ریاستوں کو قومی ریاست کہا جاتا ہے۔ لیکن بعض ریاستوں میں ایک سے زیادہ قومیں آباد ہوتی ہیں۔ جیسے کینیڈا میں برطانوی اور فرانسیسی قومیں۔ چیکو سلوواکیہ میں چیک اور سلاف، عراق میں عرب اور کُرد، سویت یونین میں روسی، اُزبیک، تاجیک وغیرہ۔ جن ملکوں میں فقط ایک قوم آباد ہوتی ہے وہاں ریاستی تہذیب اور قومی تہذیب ایک ہی حقیقت کے دو نام ہوتے ہیں، لیکن جن ملکوں میں ایک سے زیادہ قومیں آباد ہوں وہاں ریاستی تہذیب کی تشکیل و تعمیر کا انحصار مختلف قوموں کے طرز عمل، طرز فکر اور طرز احساس کے ربط و آہنگ پر ہوتا ہے۔

اگر اتفاق اور فاقت کی قوتوں کو فروغ ہو تو رفتہ رفتہ ایک بین الاقوامی تہذیب تشکیل پاتی ہے اور اگر نفاق اور دشمنی کی قوتوں کا زور بڑھے، مختلف قومیں صنعت و حرفت میں، زراعت و تجارت میں، علوم و فنون میں ایک دوسرے کے ساتھ تعاون کے بجائے ایک دوسرے پر غلبہ پانے یا ایک دوسرے کا استحصال کرنے کی کوشش کریں، یا ایک دوسرے سے نفرت کریں، اگر ملک میں باہمی اعتماد کے بجائے شک وشبہ اور بدگمانی کی فضا پیدا ہو جائے تو مختلف تہذیبی اکائیوں کی سطح اونچی نہیں ہوسکتی اور نہ ان کے ملاپ

سے کوئی ریاستی تہذیب ابھر کر سامنے آسکتی ہے۔

تہذیب کی تعریف

کسی معاشرے کی با مقصد تخلیقات اور سماجی اقدار کے نظام کو تہذیب کہتے ہیں۔ تہذیب معاشرے کی طرزِ زندگی اور طرزِ فکر و احساس کا جوہر ہوتی ہے۔ چنانچہ زبان، آلات اور اوزار، پیداوار کے طریقے اور سماجی رشتے، رہن سہن، فنون لطیفہ، علم و ادب، فلسفہ و حکمت، عقائد و افسوں، اخلاق و عادات، رسوم و روایات، عشق و محبت کے سلوک اور خاندانی تعلقات وغیرہ تہذیب کے مختلف مظاہر ہیں۔

انگریزی زبان میں تہذیب کے لیے "کلچر" کی اصطلاح استعمال ہوتی ہے۔ کلچر لاطینی زبان کا لفظ ہے۔ اس کے لغوی معنیٰ ہیں، "زراعت، شہد کی مکھیوں، ریشم کے کیڑوں، سیپوں اور بیکٹریا کی پرورش یا افزائش کرنا۔ جسمانی یا ذہنی اصلاح و ترقی، کھیتی باڑی کرنا۔"

اردو، فارسی اور عربی میں کلچر کے لئے تہذیب کا لفظ استعمال ہوتا ہے۔ تہذیب عربی زبان کا لفظ ہے۔ اس کے لغوی معنی ہیں کسی درخت یا پودے کو کاٹنا، چھانٹنا، تراشنا تاکہ اس میں نئی شاخیں نکلیں اور نئی کونپلیں پھوٹیں۔ فارسی میں تہذیب کے معنی، "آراستن پیراستن، پاک و درست کردن و اصللاح نمودن "ہیں۔ اردو میں تہذیب کا لفظ عام طور پر شائستگی کے معنی میں استعمال ہوتا ہے۔ مثلاً جب ہم کہتے ہیں کہ فلاں شخص بڑا مہذب یا تہذیب یافتہ ہے تو اس سے ہماری مراد یہ ہوتی ہے کہ شخص مذکور کی بات چیت کرنے، اٹھنے بیٹھنے اور کھانے پینے کا انداز اور رہن سہن کا طریقہ ہمارے روایتی معیار کے مطابق ہے۔ وہ ہمارے آداب مجلس کو بڑی خوبی سے ادا کرتا ہے اور شعر و شاعری یا فنونِ

لطیفہ کا ستھرا ذوق رکھتا ہے۔

تہذیب کا یہ مفہوم در اصل ایران اور ہندوستان کے امراء و عمائدین کے طرز زندگی کا پرتو ہے۔ یہ لوگ تہذیب کے تخلیقی عمل میں خود شریک نہیں ہوتے تھے اور نہ تخلیقی عمل اور تہذیب میں جو رشتہ ہے، اس کی اہمیت کو محسوس کرتے تھے۔ وہ تہذیب کی نعمتوں سے لطف اندوز ہونا تو جانتے تھے، لیکن فقط تماشائی بن کر، اداکار کی حیثیت سے نہیں۔ یہی وجہ ہے کہ تہذیب کا تخلیقی کردار ان کی نظروں سے اوجھل رہا اور وہ آداب مجلس کی پابندی ہی کو تہذیب سمجھنے لگے۔ وہ جب "تہذیبِ نفس" یا "تہذیب اخلاق" کا ذکر کرتے تھے تو اس سے ان کی مراد نفس یا اخلاق کی طہارت یا اصلاح ہوتی تھی۔

تہذیب کی اصطلاح اردو تصنیفات میں ہمیں سب سے پہلے تذکرۂ گلشن ہند صفحہ ۱۲۹ (۱۸۰۱ء) میں ملتی ہے۔ "جوان مؤدب و باشعور اور تہذیب اخلاق سے معمور ہیں۔" اسی زمانہ میں مولوی عنایت اللہ نے اخلاق جلالی کا ترجمہ جامع الاخلاق کے نام سے کیا۔ یہ کتاب احمدی پریس کلکتہ سے ۱۸۸۵ء میں شائع ہوئی۔ مولوی عنایت اللہ کتاب کے ابتدائیے میں لکھتے ہیں کہ "اس نے اپنے خواص مخلوقات کو زیور تہذیب الاخلاق سے مہذب اور عوامِ موجودات کے تئیں ان کی بیعت سے مادب کیا۔" اسی نوع کی ایک اور تحریر کبیر الدین حیدر عرف محمد میر لکھنوی کی ہے۔ وہ ڈاکٹر جانسن کی کتاب تواریخ راسلس کے ترجمہ کے دیباچے میں لکھتے ہیں کہ "زبان اردو میں ترجمہ کیا کہ صاحبانِ فہم و فراست کو تہذیبِ اخلاق بخوبی ہو۔" ان معلومات کے لئے میں جناب شان الحق حقی سکریٹری اردو بورڈ کا ممنون ہوں۔ (مطبوعہ آگرہ ۱۸۳۹ء)

ان مثالوں سے بھی ظاہر ہوتا ہے کہ انیسوی صدی کے وسط تک ہمارے صاحبان علم و فراست کے ذہنوں میں تہذیب کا وہی پرانا تصور تھا جو فارسی زبان میں رائج تھا۔

سر سید احمد خاں غالباً پہلے دانشور ہیں جنہوں نے تہذیب کا وہ مفہوم پیش کیا جو ۱۹ ویں صدی میں مغرب میں رائج تھا۔ انہوں نے تہذیب کی جامع تعریف کی اور تہذیب کے عناصر و عوامل کا بھی جائزہ لیا۔ چنانچہ اپنے رسالے "تہذیب الاخلاق" کے اغراض و مقاصد بیان کرتے ہوئے سر سید پرچے کی پہلی اشاعت (۱۸۷۰ء) میں لکھتے ہیں کہ،

"اس پرچے کے اجرا سے مقصد یہ ہے کہ ہندوستان کے مسلمانوں کو کامل درجہ کی سولزیشن (Civilisation) یعنی تہذیب اختیار کرنے پر راغب کیا جاوے تاکہ جس حقارت سے (سویلائزڈ) مہذب قومیں ان کو دیکھتی ہیں وہ رفع ہووے اور وہ بھی دنیا میں معزز و مہذب قومیں کہلائیں۔

سِولزیشن انگریزی لفظ ہے جس کا تہذیب ہم نے ترجمہ کیا ہے مگر اس کے معنی نہایت وسیع ہیں۔ اس سے مراد ہے انسان کے تمام افعالِ ارادی، اخلاق اور معاملات اور معاشرت اور تمدن اور طریقہ تمدن اور صرف اوقات اور علوم اور ہر قسم کے فنون و ہنر کو اعلیٰ درجے کی عمدگی پر پہنچانا اور ان کو نہایت خوبی و خوش اسلوبی سے برتنا جس سے اصل خوشی اور جسمانی خوبی ہوتی ہے اور تمکین و وقار اور قدر و منزلت حاصل کی جاتی ہے اور وحشیانہ پن اور انسانیت میں تمیز نظر آتی ہے۔"

(منقول از دبستان تاریخ اردو مصنفہ حامد حسن قادری کراچی ۱۹۶۶ء صفحہ ۳۴۴)

سر سید نے کلچر اور سویلزیشن کو خلط ملط کر دیا ہے لیکن اس میں ان کا قصور نہیں ہے بلکہ خود بیشتر دانیان مغرب کے ذہنوں میں اس وقت تک کلچر اور سویلزیشن کا تصور واضح نہیں ہوا تھا۔

سر سید نے تہذیب آلاخلاق ہی میں تہذیب پر دو مفصل مضمون بھی لکھے۔ پہلے مضمون کا عنوان "تہذیب اور اس کی تعریف" اور دوسرے کا "سویلزیشن یعنی شائستگی

اور تہذیب" تھا۔ یہ مضامین جیسا کہ خود سرسید احمد خاں نے اعتراف کیا ہے ٹامس بکل برطانیہ کا مشہور مؤرخ تھا۔ وہ تہذیب عالم کی مفصل تاریخ کئی جلدوں میں لکھنا چاہتا تھا۔ لیکن ابھی فقط دو جلدیں شائع ہوئی تھیں (۱۸۶۱ء) کہ بکل کا انتقال ہو گیا۔

بکل نے انسانی تہذیب کی تاریخ سائنسی معلومات کی روشنی میں لکھنے کی کوشش کی تھی اور استقرائی اصولوں کی بنیاد پر انسانی تاریخ کے کچھ "قوانین" بھی وضع کئے تھے مثلاً موسم کا قانون اور یہ ثابت کیا تھا کہ انسانی تہذیب پر طبعی ماحول اور موسم کا بہت گہرا اثر پڑتا ہے۔ بکل کے "نظریات" گو تاریخی حقائق کے سراسر خلاف تھے۔ (وادی سندھ، وادی نیل اور وادی دجلہ وفرات کی قدیم تہذیبوں کا طبعی ماحول یورپ سے مختلف تھا پھر بھی ان تہذیبوں کی عظمت سے کوئی انکار نہیں کر سکتا) اس کے باوجود اہل فرنگ نے بکل کے خیالات کا بڑی گرم جوشی سے خیر مقدم کیا تھا کیونکہ اس نے سفید فام قوموں کے غلبے اور ایشیائی قوموں کی غلامی کو قانونِ قدرت کی شکل دی تھی اور اس طرح برطانیہ کے سامراجی مفادات کے لیے ایک نظریاتی جواز پیش کیا تھا۔

انسانی تہذیب کے ارتقاء کے قانون ہیگل، مارکس اور دوسرے مغربی مفکرین گو بکل سے بہت پہلے دریافت کر چکے تھے، لیکن سرسید ان مفکرین کے خیالات سے غالباً واقف نہ تھے پھر بھی سرسید کا یہ کارنامہ کیا کم ہے کہ انہوں نے ہمیں تہذیب کے جدید مفہوم سے آشنا کیا۔ تہذیب کی تشریح کرتے ہوئے سرسید لکھتے ہیں کہ،

"جب ایک گروہ انسانوں کا کسی جگہ اکٹھا ہو کر بستا ہے تو اکثر ان کی ضرورتیں اور ان کی حاجتیں، ان کی غذائیں اور ان کی پوشاکیں، ان کی معلومات اور ان کے خیالات، ان کی مسرت کی باتیں اور ان کی نفرت کی چیزیں سب یکساں ہوتی ہیں اور اسی لیے برائی اور اچھائی کے خیالات بھی یکساں ہوتے ہیں اور برائی کو اچھائی سے تبدیل کرنے کی

خواہش سب میں ایک سی ہوتی ہے اور یہی مجموعی خواہش تبادلہ یا مجموعی خواہش سے وہ تبادلہ اس قوم یا گروہ کی سولزیشن ہے۔"

(مقالاتِ سرسید جلد ۶ صفحہ ۳۔ لاہور ۱۹۶۲ء)

سرسید احمد خاں نے انسان اور انسانی تہذیب کے بارے میں اب سے سو سال پیشتر ایسی معقول باتیں کہی تھیں جو آج بھی سچی ہیں اور جن پر غور کرنے سے تہذیب کی اصل حقیقت کو سمجھنے میں بڑی مدد ملتی ہے۔ مثلاً سرسید کہتے تھے کہ "انسان کے افعال اور نیچر کے قاعدوں میں نسبت قریبی ہے۔" (ایضاً صفحہ ۳۵) یعنی انسانی معاشرے اور نیچر کی حرکت کے قانون یکساں ہیں۔ دوسرے یہ کہ انسان کے افعال اور ان کی باہمی معاشرت کے کام کسی قانونِ معین کے تابع ہیں۔ اتفاقیہ نہیں ہیں۔ تیسرے یہ کہ "انسان کے افعال ان کی خواہش کے نتیجے نہیں ہیں بلکہ حالات ماسبق کے نتیجے ہیں۔" چوتھے یہ کہ "کوئی انسانی معاشرہ تہذیب سے خالی نہیں ہے" اور پانچویں یہ کہ "انسان نیچر کو تبدیل کرتا ہے اور نیچر انسان کو تبدیل کرتا ہے اور اس آپس کے تبدیلات سے سب واقعات پیدا ہوتے ہیں۔"

سرسید کی فکری خدمات کا مفصل جائزہ اس مضمون کے دائرے سے خارج ہے۔ البتہ ہم اتنا ضرور عرض کریں گے کہ سرسید ہمارے پہلے مفکر ہیں جنہوں نے موجوداتِ عالم اور انسانی معاشرے کے اندر جو تغیرات ہوتے رہتے ہیں ان کی تشریح خود معاشرے اور موجودات کے قوانین حرکت سے کی۔ کسی ماورائی قوت کے ارادے یا مرضی کو اس میں شامل نہیں کیا۔

تہذیب کی خصوصیات

تہذیب اور انسان لازم اور ملزوم حقیقتیں ہیں۔ یعنی انسان کے بغیر تہذیب کا وجود

ممکن نہیں اور نہ تہذیب کے بغیر انسان، انسان کہلانے کا مستحق ہوتا ہے۔ تہذیب انسان کی نوعی انفرادیت ہے۔ یہی انفرادیت اس کو دوسرے جانوروں سے نوعی اعتبار سے ممتاز کرتی ہے۔ گویا ان میں بعض ایسی نوعی خصوصیتیں موجود ہیں جو دوسرے جانوروں میں نہ ہیں اور نہ ہو سکتی ہیں اور انہیں خصوصیتوں کے باعث انسان تہذیبی تخلیق پر قادر ہوا ہے۔

مثلاً انسان ریڑھ کی ہڈی کی وجہ سے اپنے دونوں پیروں پر سیدھا کھڑا ہو سکتا ہے۔ اس کے ہاتھ بالکل آزاد رہتے ہیں۔ اس کے شانوں، کہنیوں اور کلائیوں کے جوڑوں کی بناوٹ ایسی ہے کہ وہ پورے ہاتھ کو جس طرح چاہے گھما پھرا سکتا ہے، ہاتھ کی انگلیوں اور انگوٹھوں میں جو تین تین جوڑ ہیں ان کی وجہ سے انگلیاں بڑی آسانی سے مڑ جاتی ہیں اور انسان ان انگلیوں سے طرح طرح کے کام لے سکتا ہے مثلاً وزنی چیزوں کو ایک جگہ سے دوسری جگہ لے جانا اور نئی نئی چیزیں پیدا کرنا۔ ان فطری اوزار کی بدولت ہی انسان ہر قسم کے آلات و اوزار بنانے پر قادر ہوا ہے۔ دوسرے جانور اپنے آلات و اوزار۔ پنجے، دانت، چونچ، کانٹے وغیرہ، کو اپنے جسم سے الگ نہیں کر سکتے۔ انسان اپنی تمام تخلیقات کو اپنے جسم سے الگ کر لیتا ہے۔ خواہ وہ جسمانی ہوں یا ذہنی۔

دوسری جسمانی خصوصیات جو انسان کو اور جانوروں سے ممتاز کرتی ہے اس کی دو آنکھیں ہے جن کا فوکس ایک ہی ہے۔ اس کی وجہ سے انسان کو فاصلے کا تعین کرنے، آلات و اوزار بنانے، شکار کرنے اور چھلانگ لگانے میں بڑی مدد ملتی ہے۔

انسان واحد حیوان ہے جس میں گویائی کی صلاحیت پائی جاتی ہے۔ یہ کوئی فطری یا خداداد صلاحیت نہیں ہے بلکہ انسان نے دماغ، زبان، دانت، تالو، حلق اور سانس کی مدد سے اور آوازوں کے آہنگ سے بامعنی الفاظ کا ایک وسیع نظام وضع کر لیا ہے۔

زبان انسان کی سب سے عظیم الشان سماجی تخلیق ہے۔ اس کے ذریعے سے انسان اپنے تجربات، خیالات اور احساسات کو دوسروں تک پہنچاتا ہے اور چیزوں کا رشتہ زمان و مکان سے جوڑتا ہے یعنی وہ دوسروں سے ماضی، حال، مستقبل اور دور و نزدیک کے بارے میں گفتگو کر سکتا ہے۔ اور اس طرح آنے والی نسلوں کے لیے تہذیب کا نہایت بیش بہا قیمت اثاثہ چھوڑ جاتا ہے۔

انسان کے علاوہ کوئی دوسرا جانور حقیقی معنی میں سماجی حیوان بھی نہیں ہے۔ بھیڑوں کے گلے، ہرنوں کی ڈاریں اور مرغابیوں کے جھنڈ بظاہر سماجی وحدت نظر آتے ہیں لیکن دراصل ان میں کوئی سماجی رابطہ نہیں ہوتا۔ وہ ایک ساتھ رہتے ہوئے بھی الگ الگ اکائیاں ہیں۔ وہ نہ مل کر اپنی خوراک حاصل کرتے ہیں اور نہ ان کی زندگی کا مدار ایک دوسرے سے مل کر کام کرنے پر ہوتا ہے۔ حالانکہ انسان کے طبعی اوصاف یہی ہیں۔

اسی طرح جانور کسی چیز یا واقعے کو کوئی مخصوص معنی نہیں دے سکتے۔ یعنی وہ علامتوں کی تخلیق سے قاصر ہوتے ہیں۔ اس کے برعکس انسان اشیاء اور واقعات کو نئے نئے معنی دیتا رہتا ہے۔ مثلاً جانور کے نزدیک چشمے کے پانی اور چاہ زم زم کے پانی میں کوئی فرق نہیں ہے۔ حالانکہ کروڑوں انسانوں کے نزدیک آبِ زَم زَم نہایت مقدس پانی ہے۔ یہی حال عید، بقر عید، شبِ براًت، محرم اور دوسرے تاریخی دنوں کا ہے کہ انسان کے لیے ان کی ایک خاص اہمیت ہے جب کہ جانوروں کے لیے سب دن یکساں ہوتے ہیں۔ جانور آپس میں خاندانی رشتے بھی قائم نہیں کر سکتے۔ ان میں دادا، دادی، نانا، نانی، چچا، ماموں، بھائی بہن کا کوئی رشتہ نہیں ہوتا۔ حتیٰ کہ والدین اور اولاد کا رشتہ بھی بچوں کے بڑے ہو جانے کے بعد بالکل ٹوٹ جاتا ہے۔

جانوروں کے جنسی تعلقات کی نوعیت بھی انسانوں سے مختلف ہوتی ہے۔ یہ درست ہے کہ جانور بھی جوڑا نبھاتے ہیں مگر ان میں جوڑا کھانے اور بچے پیدا کرنے کا مخصوص موسم ہوتا ہے۔ انسانوں کی طرح وہ ہر موسم میں جنسی تعلقات قائم کرنے یا نسلی تخلیق کرنے پر قادر نہیں ہیں۔ اس کے علاوہ جانوروں کا جنسی عمل کسی سماجی ضابطے کا پابند نہیں ہوتا اور نہ اس عمل میں وقت اور جگہ کی تبدیلی سے کوئی فرق آتا ہے۔ اس کے برعکس انسان کے جنسی ضابطے برابر بدلتے رہتے ہیں۔

انسان کے علاوہ دوسرے کسی جانور میں دیوی، دیوتا، بھوت پریت، جن، شیطان، جنت، دوزخ، جھاڑ پھونک، گنڈا تعویذ کا بھی رواج نہیں ہے۔ اسی طرح جانور نہ تو خودکشی کر سکتے ہیں اور نہ ان میں موت کا شعور ہوتا ہے۔

امریکہ کے مشہور دانشور بنجامن فرینکلین نے کہا تھا کہ انسان واحد اوزار ساز جانور ہے۔ لیکن یہ دعویٰ صحیح نہیں ہے۔ کیونکہ بن مانس اور بندر بھی اپنی ضرورت کے لئے اوزار بنا لیتے ہیں۔ البتہ یہ اوزار بہت ہی بھونڈے اور ابتدائی ہوتے ہیں۔ یہ کہنا بھی صحیح نہیں ہے کہ فقط انسان ہی اپنی ضرورت کی چیزیں پیدا کر سکتا ہے۔ کیونکہ بعض حیوان بھی (شہد کی مکھیاں) اپنی خوراک پیدا کرتے ہیں۔ لیکن کوئی جانور اپنے اوزار کو بہتر بنانے یا اپنی پیداوار میں تبدیلی کرنے کی قدرت نہیں رکھتا۔ اس کے برعکس انسان اپنے آلات و اوزار میں برابر اصلاح کرتا رہتا ہے اور اس کی پیداوار اور پیداواری رشتے بھی بدلتے رہتے ہیں۔

یہ انسان کی خالص نوعی خصوصیات ہیں جو دوسرے کسی جانور میں موجود نہیں ہیں اور نہ وہ تربیت سے اپنے اندر یہ خصوصیات پیدا کرتے ہیں۔

انسان کے نوعی اوصاف کا ذکر کرتے ہوئے سرسید احمد خاں لکھتے ہیں کہ، "انسان

کے اعضا اور قویٰ بہ نسبت اور ذی روح مخلوقات کے افضل اور عمدہ ہیں۔ اس کو یہی فضیلت نہیں ہے بلکہ جو کام وہ اپنی عقل کی معاونت سے کر سکتا ہے اور اپنے ایسے ہاتھوں سے لے سکتا ہے جو اس کے بڑے مطیع کار پرداز ہیں ان کی وجہ سے اس کو بہت بڑی فضیلت حاصل ہے اور ان دونوں ذریعوں کی بدولت وہ اور مخلوقات میں سے اپنے آپ کو نہایت راحت و آرام کی زندگی میں رکھ سکتا ہے اور گویا اپنی ذات کو ایک مصنوعی وجود بنا سکتا ہے اور جو مرتبہ اس کی قدرتی حیات کا ہے اس کی نسبت وہ اس کو بہت زیادہ آسائش دے سکتا ہے۔"

(مقالات سر سید جلد ۱۲۔ صفحہ ۶۳ و ۶۴ لاہور ۱۹۶۳ء)

انسان اور جانوروں کے نوعی فرق کی تشریح کرتے ہوئے کارل مارکس نے بھی مصنوعی دنیا کی تخلیق کو انسان کا بڑا کارنامہ قرار دیا ہے وہ لکھتا ہے کہ،

"جانوروں کا حیاتی عمل (Life activity) ہی ان کی کل زندگی ہوتا ہے۔ وہ اپنی ذات اور اپنے حیاتی عمل میں فرق نہیں کرسکتے۔ یعنی ان کا کام فقط اپنے جسمانی وجود کو برقرار رکھنا ہوتا ہے۔ (شیخ سعدیؔ نے اسی نکتے کی طرف اشارہ کرتے ہوئے "زیستن برائے خوردن" کا بلیغ فقرہ استعمال کیا تھا) یہ درست ہے کہ انسان بھی اپنے وجود کو برقرار رکھنے کے لئے کام کرتا ہے لیکن وہ اپنی زیست کو خوردن تک محدود نہیں کرتا۔ بلکہ کام اس کے حیاتی عمل کا فقط ایک جز ہوتا ہے۔ دوسرے یہ کہ انسان کا حیاتی عمل اس کی مرضی اور ارادے کا پابند ہوتا ہے۔ یعنی شعوری ہوتا ہے اور یہی باشعور حیاتی عمل اسے دوسرے جانوروں سے ممتاز کرتا ہے۔"

مارکس کے نزدیک انسان کی امتیازی خصوصیت یہ بھی ہے کہ، "وہ اپنے عمل سے نیچر کے پہلو بہ پہلو ایک نئی معروضی دنیا تخلیق کر لیتا ہے۔ گو بعض دوسرے

جانوروں میں بھی اس کی صلاحیت پائی جاتی ہے۔ مثلاً پرندے گھونسلے تیار کرتے ہیں۔ چوہے بل اور گیدڑ ماند کھودتے ہیں، شہد کی مکھیاں اور بھڑیں چھتے بناتی ہیں لیکن انسان اور جانور میں فرق یہ ہے کہ جانور فقط اپنی یا اپنے بچوں کی فوری ضرورتوں کے لئے یہ چیزیں پیدا کرتے ہیں۔ ان کا تخلیقی عمل ایک انگا ہوتا ہے۔ اس کے برعکس انسان کا تخلیقی عمل اس کی جسمانی ضرورتوں تک محدود نہیں رہتا۔ جانور فقط تخلیق ذات کرتا ہے۔ اپنے آپ کو پیدا کرتا ہے۔ جانوروں کی تخلیق ان کے جسم کی فوری اور براہ راست کفالت کرتی ہے اور ان کے جسم کا جز ہوتی ہے۔ اس کے برعکس انسانوں کی تخلیقات ان کے جسم سے الگ ہوتی ہیں بلکہ بسا اوقات ان کی حریف بن جاتی ہیں۔ وہ خود اپنی تخلیقات کے غلام ہو جاتے ہیں۔"

(Economic and Philosophical MSS 1844 Pages75,76 London 59)

پس معلوم ہوا کہ تہذیب خالص انسانی تخلیق ہے اور انسان ہی اس کا واحد ضامن ہے لیکن انسان تہذیب کے جراثیم ماں کے پیٹ سے لے کر نہیں آتا اور نہ جبلی طور پر تہذیبی عمل میں شریک ہوتا ہے۔ اس کو بات چیت کرنا، آلات اور اوزار استعمال کرنا، اپنے سماجی فرائض کو ادا کرنا، معاشرے ہی سے سیکھنا پڑتے یں۔ یعنی تہذیب کی اساس گو انسان کی جسمانی ساخت پر ہے لیکن تہذیب کا کردار غیر جسمانی ہے۔ تہذیب کو ایک نسل سے دوسری نسل میں جسم کے ذریعہ منتقل نہیں کیا جا سکتا۔

انسان کو سن شعور تک پہنچنے میں دوسرے تمام حیوانوں سے زیادہ وقت لگتا ہے۔ حتیٰ کہ دنیا کے سب سے بڑے جانور وہیل مچھلی سے بھی دوگنا۔ وہ پیدائش کے بعد کئی سال تک اتنا کمزور، بے بس اور لاچار ہوتا ہے کہ دوسروں کی نگہداشت کے بغیر ایک دن بھی زندہ نہیں رہ سکتا۔ یہی وجہ ہے کہ بچوں کو بہت عرصے تک اپنے سماجی اور تہذیبی

ماحول کے تابع رہنا پڑتا ہے۔ انہیں مجبوراً وہی زبان سیکھنی پڑتی ہے جو ان کے گھروں میں بولی جاتی ہے۔ وہی غذا کھانی پڑتی ہے جس کی توفیق ان کے ماں باپ کو ہوتی ہے۔ وہی کپڑے پہننے پڑتے ہیں، جو دوسرے انہیں پہنا دیتے ہیں۔ نتیجہ یہ ہوتا ہے کہ ہر نئی نسل کی شخصیت پرانی نسل کی تہذیب کے دائرے میں تشکیل پاتی ہے۔ ہر انسانی تہذیب میں تسلسل اسی سے پیدا ہوتا ہے۔

تہذیب کے عناصر ترکیبی

دنیا کی ہر نئی پرانی تہذیب کی تشکیل جدید چار عناصر ترکیبی سے مل کر ہوئی ہے۔ ۱۔ طبعی حالات۔ ۲۔ آلات و اوزار۔ ۳۔ نظام فکر و احساس۔ ۴۔ سماجی اقدار۔ اس میں نہ مشرق و مغرب کی تخصیص ہے اور نہ سرد و گرم علاقوں کی قید۔ چنانچہ انڈونیشیا اور ملایا کے جنگلوں میں رہنے والوں کی تہذیب میں بھی یہ عناصر اسی طرح موجود ہیں جس طرح ماسکو، لندن یا پیکنگ اور پیرس کے باشندوں میں۔ یہ تو ممکن ہے کہ مختلف تہذیبوں میں ان عناصر کی ہیئت مختلف ہو یا ایک عنصر دوسرے سے زیادہ نمایاں ہو لیکن یہ ممکن نہیں ہے کہ کسی تہذیب میں ان چاروں میں سے کوئی عنصر سرے سے موجود ہی نہ ہو۔ ان عناصر کے درمیان ایک ناقابل شکست رشتہ ہوتا ہے اور وہ ایک دوسرے پر اثر انداز بھی ہوتے رہتے ہیں۔

طبعی حالات تہذیب کی تشکیل و تعمیر میں طبعی حالات کو بڑا دخل ہوتا ہے۔ یعنی ہر تہذیب کا اپنا ایک مخصوص جغرافیہ ہوتا ہے۔ اس کے دریا اور پہاڑ، جنگل اور میدان، پھل پھول اور سبزیاں، چرند پرند، آب و ہوا اور موسم یعنی اس کا خارجی ماحول، اس کے طرز عمل، ذریعہ معاش، رہن سہن، خوراک و پوشاک، مزاج و مذاق، اخلاق و عادات، جذبات و احساسات غرضیکہ اس علاقے کے انسانوں کی زندگی کے ہر پہلو پر گہرا اثر ڈالتا

ہے۔ یہی وجہ ہے کہ ریگستانی علاقوں کی تہذیب قطب شمالی کے برف پوش میدانوں کی تہذیب سے مختلف ہوتی ہے اور سمندر یا دریاؤں کے کنارے بسنے والوں کی تہذیب میں اور پہاڑیوں کی تہذیب میں زمین آسمان کا فرق ہوتا ہے۔ چنانچہ عربوں کی تہذیب ہم سے مختلف ہے تو اس کا بڑا سبب یہ ہے کہ عربوں کے طبعی حالات ہم سے مختلف ہیں۔

خارجی حالات سے کسی قوم کی تہذیب ہی متعین نہیں ہوتی بلکہ افراد کی شخصیت کو بنانے بگاڑنے میں بھی خارجی ماحول کا بڑا ہاتھ ہوتا ہے۔ ان بچوں کی شخصیت جو اندھیری کوٹھریوں میں رہتے ہیں اور گندی بودار گلیوں میں کھیلتے ہیں، جن کو پیٹ بھر غذا نہیں ملتی نہ ان کے دوا علاج اور تعلیم کا بندوبست ہوتا ہے، ان بچوں کی شخصیت سے بہت مختلف ہوتی ہے جن کو زندگی کی سہولتیں اور آسائش نصیب ہیں۔

تہذیب کے ابتدائی دور میں انسان کی زندگی کا ہر لمحہ طبعی ماحول کے تابع تھا۔ وہ نہ تو اس ماحول پر قابو پانے کی قوت رکھتا تھا اور نہ اس میں اپنے ماحول کو بدلنے کی صلاحیت پیدا ہوئی تھی لیکن ایک ایسا وقت بھی آیا جب انسان نے اپنی بڑھتی ہوئی ضرورتوں سے مجبور ہو کر اپنے طبعی ماحول کو بدلنے کی جدوجہد شروع کر دی۔ چنانچہ ایک لحاظ سے دیکھا جائے تو انسان کی پوری تاریخ طبعی ماحول یا قدرت کی تسخیر کی جدوجہد کی تاریخ ہے۔ چنانچہ ترقی یافتہ قوموں نے اپنے طبعی ماحول کو اب اتنا بدل دیا ہے کہ اگر دو ہزار سال پہلے کا کوئی باشندہ دوبارہ زندہ ہو کر آئے تو وہ اپنی جائے پیدائش کو بھی پہچان نہیں سکے گا۔

جن ملکوں میں کوئلے اور لوہے کا نام و نشان تک نہیں وہاں سٹیل بنانے والی ملیں کھڑی ہوگئی ہیں۔ جہاں تیل کا ایک قطرہ نہیں ملتا وہاں تیل سے چلنے والی مشینوں اور موٹروں کے شور و غل سے کان پڑی آواز سنائی نہیں دیتی۔ جہاں ریگستان اور چٹیل میدان تھے وہاں میوہ دار درخت جھومتے ہیں اور اناج کی فصلیں لہلہاتی ہیں۔ جہاں پانی کی

ایک بوند میسر نہ تھی وہاں نہریں اور چشمے ابلتے ہیں۔ جہاں سنسان اور لق ودق صحرا تھے وہاں جگ مگ جگ مگ کرتی سڑکیں اور عمارتیں بن گئی ہیں اور دکانیں اور بازار آراستہ ہیں۔ مختصراً یہ کہ صنعت و حرفت اور ٹیکنالوجی کی روز افزوں ترقی کے باعث طبعی ماحول کی اہمیت اب ثانوی ہوتی جارہی ہے۔

آلات و اوزار در اصل تہذیب کی عمارت کا مدار آلات و اوزار پر ہے اور انسانی تہذیب کی ترقی آلات و اوزار پر ہی پر منحصر ہوتی ہے۔ جس قسم کے آلات و اوزار ہوں گے تہذیب بھی اسی قسم کی ہوگی۔ اسی لیے دانیانِ فرنگ نے تہذیب کے مختلف ارتقائی ادوار آلات و اوزار ہی کی مناسبت سے مقرر کئے ہیں۔ مثلاً پتھر کے زمانے کی تہذیب، کانسے کے زمانے کی تہذیب اور لوہے کے زمانے کی تہذیب وغیرہ، مراد یہ ہے کہ جس زمانے میں انسان پتھر یا ہڈی کے آلات و اوزار استعمال کرتا تھا، تو اس کا رہن سہن، رسم و رواج، باہمی رشتے، عادات و اطوار اور سوچنے اور محسوس کرنے کے انداز یعنی اس کی تہذیب مخصوص طرز کی ہوتی تھی۔ لیکن جب کانسے کے آلات و اوزار نے رواج پایا تو معاشرے کا پورا بالائی ڈھانچہ بدل گیا۔ لوگوں نے جنگل بیابانوں میں مارے مارے پھرنے کے بجائے چھوٹی چھوٹی بستیاں آباد کرلیں۔ مویشی پالے، کھیتی باڑی شروع کی، مٹی اور دھات کے برتن بنائے۔ پھر رفتہ رفتہ باقاعدہ ریاستیں اور سلطنتیں قائم ہوئیں۔ نئے نئے ہنر اور پیشے وجود میں آئے۔ طبقے بنے۔ قانون وضع کئے گئے اور اخلاق و مذہب کے ضابطے تیار ہوئے۔ غرضیکہ معاشرے میں طرزِ عمل، طرزِ زندگی اور طرزِ فکر و احساس کا ایک نیا نظام قائم ہوگیا جو پتھر کے زمانے کے سماجی نظام سے بالکل مختلف تھا۔

آلات و اوزار کی تبدیلی سے معاشرے کی زندگی کے ہر شعبے میں جو انقلابی تغیرات آتے ہیں، ان پر غور کرنے کے لیے اس دانۂ گندم کی مثال کافی ہے جو ہماری آپ کی

بنیادی غذا ہے۔ مثلاً گیہوں کی کاشت اگر ہل بیل سے ہوتی ہے تو دیہاتی معاشرے کی ایک شکل ہو گی اور بڑے بڑے فارموں پر ٹریکٹروں اور بھاری مشینوں کے ذریعے ہوتی ہے تو معاشرے کا نقشہ دوسرا ہو گا۔ اس تبدیلی میں انسانوں کو اپنی مرضی اور خواہش کو دخل نہیں ہوتا۔ کیونکہ یہ معاشرتی تغیر آلات واوزار کی تبدیلی کا لازمی اور منطقی نتیجہ ہوتا ہے۔

ہل بیل کے ذریعے کاشتکاری کا پیشہ ایک مخصوص زرعی نظام کی نشاندہی کرتا ہے۔ اس نظام میں لوگ پیداواری عمل میں ایک دوسرے سے منسلک ہوتے ہیں۔ پہلا رشتہ زمین کے مالک اور کاشتکار کے درمیان ہوتا ہے۔ مالک بعض شرائط پر اپنی زمین کاشتکاری کے حوالے کرتا ہے۔ لیکن کاشتکار زراعت کے مختلف مراحل تن تنہا طے نہیں کر سکتا۔ کاشتکاری کے آلات (ہل، پھاوڑا، کھرپی، کدال، ہنسیا وغیرہ) کے لئے وہ گاؤں کے بڑھئی اور لوہار سے مدد لیتا ہے۔ کمہار اس کو برتن بھانڈے بنا کر دیتا ہے۔ موچی چمڑے کا سامان، جولاہا کپڑے، تیلی تیل اور کھلی فراہم کرتے ہیں اور کاشتکار ان تمام خدمات کا معاوضہ فصل تیار ہونے پر اناج کی شکل میں ادا کر دیتا ہے۔ وہ نہ تو اکیلے آبپاشی کر سکتا ہے اور نہ فصل کاٹ سکتا ہے۔ بلکہ کھیتی باڑی کے یہ کام بھی گاؤں کے کاشتکار امدادِ باہمی کے اصول پر مل جل کر کرتے ہیں۔ عورتیں کھانا پکاتی ہیں، چکی پیستی ہی، مویشیوں کی دیکھ بھال کرتی ہیں، کنویں سے پانی اور جنگل سے ایندھن لاتی ہیں اور گھر کے دوسرے کام کاج کرتی ہیں۔

اس پیداواری عمل سے گاؤں کی ایک مخصوص تہذیب جنم لیتی ہے۔ پانی بھرنے، چکی پیسنے، چاک گھمانے اور فصل کاٹنے کے گیت، لوک کہانیاں، لوک ناچ، فصلی میلے اور تہوار، گھریلو دستکاریاں جو بازار میں بکنے کے لئے نہیں بلکہ گھر والوں کے استعمال کے لیے

تیار کی جاتی ہیں، اور جن کے ذریعے عورتیں اپنے ذوق جمال کا اظہار اور اس کی تسکین کرتی ہیں۔ شاعر انہیں تخلیقات اور آلات و اوزار کو علامت ے طور پر استعمال کرتے ہیں۔ مثلاً کبیر داس کے دوہے کے بول ہیں۔

چلتی چکی دیکھ کر کبیرؔ اروئے

دو پاٹن کے بیچ میں ثابت بچانہ کوئے

اس بول میں کبیر داس نے زمین اور آسمان کو چکی کے دو پاٹوں سے تشبیہ دی ہے اور اگر کسی شخص کو کبیرؔ کے عہد کے معاشرے کا علم نہ ہو، تب بھی وہ یہ نتیجہ ضرور اخذ کر سکتا ہے کہ اس شاعر کا تعلق ایک ایسے دور سے تھا جب معاشرے میں چکی پیسنے کا رواج عام تھا۔ اسی طرح پانی بھرنے اور فصل کاٹنے کے گیت ہیں جو ایک خاص طرز زندگی کی عکاسی کرتے ہیں۔

اس زرعی معاشرے کے حسّی تجربے اور ان کے اظہار کے طریقے ہی ایک مخصوص طرز کے نہ ہوں گے بلکہ معاشرے کا نظامِ فکر بھی مختلف ہوگا۔ زلزلہ، سیلاب، آندھی، طوفان، اولے، قحط اور وباؤں کا عذابِ الٰہی سمجھنا، تقدیر پر اعتقاد رکھنا، جھاڑ پھوڑ پھونک، دعا، تعویذ، نذر نیاز اور ٹونے ٹوٹکے کی مدد سے اپنے بگڑے کام بنانے کی کوشش کرنا، مولویوں، پنڈتوں، پیروں، فقیروں کی خدمت کرنا، اور درگاہوں اور مقبروں کی زیارت کو نجات کا وسیلہ سمجھنا اس زرعی نظام کی اعتقادی خصوصیات ہیں۔

اب آیئے اس زرعی نظام کا مقابلہ اس نظام سے کریں، جس میں فصلوں کی کاشت ہل بیل کے بجائے بھاری مشینوں سے ہوتی ہے۔ پرانے زرعی نظام میں کھیت اگر ایک یا دو ایکڑ کے ہوتے تھے تو نئے نظام میں فارم ہزاروں ایکڑ کے ہوں گے۔ فارم کی نگرانی کسی ماہر زراعت کے سپرد ہوگی۔ جتائی، بوائی، کٹائی اور ذخیرہ اندوزی کے لیے

مشینیں استعمال ہوں گی۔ ان مشینوں کے ڈرائیور اور مرمت کرنے والے مستری کہلائیں گے۔ فارم میں گوبر کے بجائے مصنوعی کھاد ڈالی جائے گی۔ یہ مصنوعی کھاد مقامی پیداوار نہیں ہوگی۔ بلکہ دور دراز فیکٹریوں میں تیار ہو کر بازار کے ذریعہ فارم تک پہنچے گی۔ آب پاشی کے لئے رہیٹ کے بجائے انجن سے چلنے والے ٹیوب ویل لگے ہوں گے۔ گاؤں کے بیس پچیس آدمی مل کر جتنا پانی کنوے سے دن بھر میں کھینچتے تھے، اتنا پانی ایک ٹیوب ویل ایک گھنٹہ میں کھیتوں تک پہنچا دے گا۔ اناج کو صاف کرنے اور آٹا پیسنے کی مشین لگی ہوں گی اور فارم کی پیداوار مالک کے ذاتی استعمال میں نہیں آئے گی بلکہ منڈیوں میں فروخت ہو گی۔

معمولی کھیتوں اور صنعتی فارموں پر کام کرنے والوں کے کام کی نوعیت مختلف ہوتی ہے۔ لہذا ان کا تخلیقی کردار بھی مختلف ہوتا ہے۔ فارموں پر کام کرنے والوں کو کاشتکار نہیں بلکہ مزدور کہتے ہیں۔ چنانچہ فارم کے مزدوروں کا رشتہ مالک یا منیجر سے وہ نہیں ہوتا جو کاشتکار کا اپنے زمیندار سے ہوتا ہے۔ زمیندار کو اس سے غرض نہیں ہوتی کہ کاشتکار کھیت میں دو گھڑی کام کرتا ہے یا دن بھر لگا رہتا ہے، وہ اکیلا کام کرتا ہے، یا اس کا سارا کنبہ اس کے ساتھ کھیت میں جتا رہتا ہے۔ زمیندار کو تو یہ بھی معلوم نہیں ہوتا کہ اس کا ہاری یا مزارع کون سی فصل بو رہا ہے۔

اس کے برعکس فارم کے مزدوروں کے اوقاتِ کار مقرر ہوتے ہیں۔ ان کو باقاعدہ اجرت ملتی ہے اور وہ اگر غیر حاضر ہوں تو اجرت کٹ جاتی ہے۔ فارم اگر بالکل جدید طریقے کا ہو تو اس کے مزدوروں کی بستی کا نقشہ ہی جدا ہوتا ہے۔ عورتیں کنویں پر پانی بھرنے نہیں جاتیں، نہ چکی پیستی ہیں، نہ چرخہ کاتتی ہیں اور نہ گھریلو دستکاری کے ہنر دکھاتی ہیں، بلکہ ان کے گھر بھی فارم کی ملکیت ہوتے ہیں۔ جن میں پانی کے نل اور بجلی

کے بلب لگے ہوتے ہیں۔ آٹا پسا پسایا بازار سے آتا ہے۔ خالص گھی اور تیل کی جگہ بناسپتی گھی استعمال ہوتا ہے۔ عورتیں ہاتھ سے سینے پرونے کی بجائے سلائی مشینیں چلاتی ہیں۔ اور جب نہ چکی رہی نہ چرخے، نہ فصلوں کی کٹائی کے موقعوں پر گہما گہمی تو لوک گیت، لوک گانے اور لوک ناچ کی امنگیں کیسے اٹھیں گی۔ جن حالات میں یہ فنون پرورش پاتے تھے، جب وہ حالات ہی باقی نہ رہے تو یہ فنون زندہ کیسے رہیں گے۔ چنانچہ اس بستی میں جس میں ریڈیو بجتے ہوں، اور ٹی وی کھلے ہوں لوگ فن کی تخلیق کرنے کے بجائے فن کے تماشائی بن جاتے ہیں۔ ان کا حصہ فقط دور کا جلوہ ہوتا ہے۔

اسی طرح اگر چرخے اور کھڈی کی جگہ سوت کاتنے اور کپڑا بننے کی مشینیں لگ جائیں یا رس کے کولہوؤں کی جگہ شکر بنانے والی ملیں کھڑی ہو جائیں، یا پلاسٹک، المونیم اور چینی کے برتن تیار کرنے کے کارخانے کھل جائیں تو معاشرے کا پورا نظام بدل جاتا ہے۔ لوگوں کے رہن سہن، عادات واطوار، رسم ورواج اور انداز فکر واحساس میں بھی رفتہ رفتہ انقلاب آجاتا ہے۔

پتھر کی تہذیب ہو، یا کانسے لوہے کی، بہر حال انسانوں ہی کی جسمانی اور ذہنی محنتوں کی تخلیق ہوتی ہے۔۔ انہیں کے ذہنی اور جسمانی قویٰ کے حرکت میں آنے سے وجود میں آتی ہے، لہٰذا کسی تہذیب کے عروج وزوال کا انحصار اسی بات پر ہوتا ہے کہ تہذیب کو برتنے والوں نے اپنی جسمانی اور ذہنی توانائی سے کس حد تک کام لیا ہے۔ اس توانائی میں اپنی توانائی آفرین تخلیقات سے کتنا اضافہ کیا ہے۔ (خود کار مشینیں اس توانائی کی ایک مثال ہیں) اس کو کتنا نکھارا اور چمکایا ہے۔ اگر کوئی معاشرہ افراد کے ذوقِ نمود کو آسودہ نہیں کر سکتا یا ان کی تخلیقی صلاحیتوں کو ابھارنے سے گریز کرتا ہے۔ اگر کوئی معاشرہ ان آلات اوزار کو، جو معاشرے کی بڑھتی ہوئی ضرورتوں کو پورا نہیں کر سکتے، استعمال کرنے

پر اصرار کرتا ہے اور نئے آلات و اوزار کو قبول کرنے سے انکار کرتا ہے۔

اگر کوئی معاشرہ روح عصر کی پکار نہیں سنتا بلکہ پرانی ڈگر پر چلتا رہتا ہے، اگر نئے تجربوں، تحقیقوں اور جستجوؤں کی راہیں مسدود کر دی جاتی ہیں تو تہذیب کا پودا بھی ٹھٹھر جاتا ہے۔ اس کی افزائش رک جاتی ہے اور پھر وہ سوکھ جاتا ہے۔ یونان اور روما، ایران اور عرب، ہندوستان اور چین کی قدیم تہذیبوں کے زوال کی تاریخ در اصل ان کے آلات و اوزار اور معاشرتی رشتوں کے جمود کی تاریخ ہے۔ یہ عظیم تہذیبیں معاشرے کی بڑھتی ہوئی ضرورتوں کا ساتھ نہ دے سکیں اور انجام کار فنا ہو گئیں۔ دارائے ایران کو سکندرِ اعظم نے شکست نہیں دی تھی بلکہ ایک زوال پذیر معاشرے نے ایک ترقی پذیر معاشرے کے ہاتھوں زک اٹھائی تھی اور وادی سندھ کی تہذیب پر آریہ اس وجہ سے غالب آئے تھے کہ ان میں توانائی کی مقدار جس کا مظہر ان کے آلات و اوزار تھے، یہاں کے قدیم باشندوں سے زیادہ تھی۔ ہندوستان پر انگریزوں کے تسلط اور پھر ۱۸۵۷ء کے ہنگامے میں ہندوستانیوں کی شکست کے اسباب بھی اہل مغرب کے بہتر آلات و اوزار اور ترقی یافتہ معاشرتی نظام میں پوشیدہ ہیں۔

نظام فکر و احساس

انسان کو ہم باشعور حیوان بھی کہہ سکتے ہیں کیونکہ شعور فقط انسانی خصلت ہے جو دوسرے جانوروں میں نہیں پائی جاتی۔ خود انسان میں بھی شعور کوئی نسلی یا طبعی خصوصیت نہیں بلکہ کسبی خصوصیت ہے۔ چنانچہ زبان کی طرح شعور بھی انسان کی بنیادی احتیاجوں کی تخلیق ہے۔ ان احتیاجوں میں نہایت اہم احتیاج انسانوں کے باہمی رابطے اور رشتے ہیں۔ یہ رشتے بھی جیسا کہ ہم پہلے لکھ چکے ہیں فقط انسانی خصوصیت ہیں۔ لہٰذا شعور ابتدا ہی سے سماجی شعور رہا ہے۔ اس کا ارتقا بھی سماجی ارتقا سے وابستہ ہے۔

ہمارے شعور کا منبع و مخزن ہمارا ذہن ہے اور ذہن کی حرکات کا خزانہ باریک جھلّیوں میں لپٹا ہوا وہ مغز ہے جس کی حفاظت ہماری کھوپڑی کرتی ہے۔ جسم کا یہ حصہ اتنا نازک اور ذکی الحس ہوتا ہے کہ اگر سر میں چوٹ لگ جائے تو بعض اوقات آدمی کا پورا جسم مفلوج ہو جاتا ہے۔ بینائی اور گویائی کی طاقت جواب دے دیتی ہے۔ ماضی کے تمام تجربے اور واقعے ذہن سے محو ہو جاتے ہیں۔ حافظہ بالکل کام نہیں کرتا یہاں تک کہ قریبی عزیزوں اور دوستوں کی شکلیں اور نام بھی یاد نہیں رہتے۔

انسان کے تمام افعال اور ارادے، اس کا ہاتھ پاؤں ہلانا، اس کا دیکھنا، بولنا، کھانا پینا، غرض اس کا ہر جسمانی اور ذہنی عمل دماغ ہی کے تابع ہوتا ہے اور اگر دماغ اپنا عمل ترک کردے تو انسان جیتے جی انسانیت سے محروم ہو جاتا ہے۔ وہ زندہ لاش بن جاتا ہے۔ خیال پرست فلسفیوں نے شاید دماغ کی انہیں خصوصیتوں سے متاثر ہو کر یہ دعویٰ کیا تھا کہ موجوداتِ عالم ہمارے دماغ کا عکس ہیں۔ دماغ سے باہر ان کا کوئی حقیقی وجود نہیں ہے لیکن یہ باتیں اب پرانی ہو چکی ہیں کیونکہ جدید سائنس نے ثابت کر دیا ہے کہ یہ کرۂ ارض نہ صرف انسان اور اس کے دماغ سے کروڑوں برس پہلے سے موجود ہے بلکہ خود انسان زمین ہی کے مادوں کا ترقی یافتہ پیکر ہے، اور اس کا دماغ بھی زمین ہی کے مادی اجزا سے بنا ہے۔ ایسی صورت میں جو مقدم ہے وہ مؤخر کا عکس کیسے ہو سکتا ہے۔ اب علم الاجسام نے اتنی ترقی کرلی ہے کہ دماغ کی ساخت اور اس کا طریقہ کار کوئی پر اسرار معمہ باقی نہیں رہا، جس کو فلسفیانہ قیاس آرائیوں سے حل کیا جائے۔ اب تو معمولی ڈاکٹر بھی بتا سکتا ہے کہ ہمارا دماغ خارجی دنیا سے کس کس طرح اثر قبول کرتا ہے۔ نیز یہ کہ دماغ کے خلیوں اور شریانوں کا بقیہ جسم سے کیا تعلق ہے۔

ہمارے اعصابی نظام کا محور دماغ (ریڑھ کی ہڈی) ہے۔ دماغ میں دس ارب سے سو

ارب تک اعصابی خلیے ہوتے ہیں اور ہر خلیہ دوسرے خلیوں سے ایک ہزار ریشوں کے ذریعہ جڑا ہوتا ہے۔ جسم کے اندر اور باہر کی تمام اطلاعیں انہیں پیچ در پیچ راہوں سے شعور کی مختلف سطحوں تک پہنچتی ہیں۔ چنانچہ ہمارے علم، حافظے اور خیال کی لاکھوں کروڑوں شکلیں انہیں اعصابی خلیوں کی مرہون منت ہیں۔ مثلاً آنکھ جس سے ہم دیکھتے ہیں اس کے بالائی پردے (RETINA) میں تیرہ کروڑ خلیے ہوتے ہیں جو خارجی اثر قبول کرتے ہیں۔ یہ بالائی پردہ دس لاکھ سے زائد اعصابی ریشوں کے ذریعہ دماغ سے جڑا ہوتا ہے۔

دماغ اپنا فریضہ انہیں اربوں اعصابی خلیوں کے ذریعہ سر انجام دیتا ہے۔ مثلاً فرض کیجئے کہ آپ کو چوٹ لگتی ہے۔ آلہ ضرب جیوں ہی آپ کی کھال کو چھوئے گا کھال کے خلیوں میں ہیجان اٹھے گا۔ یہ ہیجان آپ کے مرکزی اعصابی نظام (دماغ اور ریڑھ کی ہڈی) میں دوڑ جائے گا اور آپ چوٹ کو آناً فاناً محسوس کرلیں گے۔ اگر آپ کو آلہ ضرب کی نوعیت کا تجربہ ہے تو آپ کا دماغ یہ بھی بتادے گا کہ چوٹ کس چیز سے لگی ہے۔ اور یہ ساری اطلاع تار برقی سے بھی کم وقت میں پل جھپکتے موصول ہو جائے گی۔ کسی اطلاع کی دماغ تک رسائی کی نوعیت برقی اور کیمیاوی ہوتی ہے۔

سب سے پہلے انسان کے حسی اعضا آنکھ، کان، ناک، زبان اور کھال میں برقی ہیجانات پیدا ہوتے ہیں۔ ان ہیجانات کی بے شمار قسمیں ہوتی ہیں اور وہ بے حد پیچیدہ ہوتے ہیں، تب اعصابی خلیوں کو آپس میں ملانے والے ریشوں کے جوڑوں پر جو جھلی چڑھی ہوتی ہے یہ برقی لہر ان پر دوڑنے لگتی ہے۔ اس عمل سے ایک بہت ہی مختصر سا کیمیاوی ٹرانس میٹر خارج ہوتا ہے جو دوسرے خلیوں میں ہیجان پیدا کرتا ہے۔ اس طرح ایک اعصابی خلیے کا عمل دوسرے پر اور دوسرے کا تیسرے پر ہوتا چلا جاتا ہے۔ یہاں تک کہ اطلاع دماغ تک پہنچ جاتی ہے۔

انسان کو سب سے پہلے اپنے حسی ماحول کا شعور ہوا، یعنی اس ماحول کا جو بالکل ہی اس کے گردوپیش تھا۔ پھر اس کو اس محدود رشتے کا شعور ہوا، جو اس کو دوسرے افراد یا اشیا سے قائم کرنے پڑے۔ اسی کے ساتھ اسے تھوڑا بہت اپنی ذات کا شعور بھی ہوا اور تب اسے موجوداتِ عالم۔۔۔ نیچر۔۔۔ کا شعور ہوا لیکن اس وقت تک نیچر سے انسان کا رابطہ دراصل حیوانی رابطہ تھا۔ البتہ جب انسان کی ضرورتیں بڑھیں۔ اس نے ان ضرورتوں کی تسکین کے لئے آلات و اوزار بنائے، تقسیم کار نے رواج پایا اور جسمانی اور دماغی محنت کی تقسیم ہوئی تو اس غلط فہمی کی بنیاد پڑی کہ شعور گردوپیش کے ماحول اور سماجی حالات زندگی سے الگ کوئی آزاد یا وجود بالذات حقیقت ہے۔ حالانکہ شعور ہمیشہ انسانوں کے ذہن سے باہر کی حقیقتوں کا شعور ہوتا ہے۔ خواہ یہ حقیقتیں مادی ہوں یا غیر مادی (انصاف، مساوات، جمہوریت وغیرہ) اور سماجی حالات کا پابند ہوتا ہے۔

ہر تہذیب کا مخصوص نظام فکر و احساس ہوتا ہے۔ یہ نظام اس رشتے کی نوعیت کو ظاہر کرتا ہے جو معاشرے کے افراد اور موجودات میں استوار ہوتا ہے۔ چنانچہ انسان کے حالات وجود جس سطح پر ہوں گے اس کے شعور کی سطح بھی وہی ہوگی۔ جمادات، نباتات، حیوانات اور دوسرے انسانوں سے اس کا رابطہ جس قسم کا ہوگا، اس کے سوچنے اور محسوس کرنے کا انداز، اور اس کے عقائد و رجحانات بھی اسی کے مطابق ہوں گے۔ جنگلی دور کے انسان میں خدائے واحد کا یا جنت دوزخ کا، یا یوم حشر کا شعور پیدا نہیں ہوسکتا تھا اور نہ قرونِ وسطیٰ کا انسان ارتقا، اضافیت، اور جوہری توانائی کے نظریے دریافت کر سکتا تھا۔

یہ تغیرات آلات و اوزار اور سماجی روابط میں تبدیلی کی وجہ سے آتے ہیں۔ دراصل نظام فکر و احساس کی تبدیلی خود اس بات کی دلیل ہوتی ہے کہ معاشرے کی تخلیقی اساس

اب وہ نہ رہی جو پہلے تھی۔ مثلاً پتھر کے زمانے کی تہذیب کو لیجئے۔ اس وقت انسان تیر کمان، بلم بھالے سے شکار کر کے یا خودرو درختوں کے پھل پھول کھا کر ہی اپنی ضرورتیں پوری کرتا تھا۔ وہ مادے کی ہیئت (پتھر کی نکیلی انیاں، کمان وغیرہ) اور کیفیت (لکڑی سے آگ) میں تھوڑی بہت تبدیلی کر لیتا تھا۔ اس نے اپنی روزمرہ کے سماجی تجربوں سے (قوتِ گویائی کی مدد سے) گردوپیش کی چیزوں کے خواص معلوم کر لئے تھے اور ان کے نام بھی متعین کر لئے تھے لیکن وہ مظاہر قدرت کی حرکت کے اسباب وعلل سے بالکل واقف نہ تھا اور نہ اس کو طبعی تبدیلیوں کے قوانین کا شعور تھا۔ مثلاً وہ تمام موجودات، دریا پہاڑ، سورج چاند، زمین آسمان، جانور درخت، آندھی، طوفان، سیلاب زلزلہ، اولے، بارش کو اپنی طرح فعال اور باارادہ شخصیتیں سمجھتا تھا۔ چونکہ ان چیزوں سے اس کو ہر وقت سابقہ پڑتا تھا بلکہ اس کی زندگی کا انحصار ہی ان کے "طرزِ عمل" پر تھا۔ لہٰذا جو چیزیں اس کو سکھ دیتی تھیں ان کو وہ پسند کرتا تھا اور جو چیزیں اسے دکھ پہنچاتی تھیں ان سے وہ ڈرتا تھا (بعد میں یہی نیکی اور بدی، خیر وشر کی قوتیں قرار پائیں۔)

چنانچہ ان کی تسخیر کے لئے وہ جادو منتر سے کام لیتا تھا یا ان کی رضاجوئی کے لئے عبادت اور ریاضت کرتا تھا۔ وہ حیات اور موت میں بھی تمیز نہیں کر سکتا تھا اور نہ اس کے ذہن میں موت کا کوئی تصور تھا۔ اس کا نظام فکر واحساس افزائش نسل اور اور افزائش خوراک کی ضرورتوں کے محور پر گھومتا تھا۔ یہی وجہ ہے کہ وہ مادہ جنس کو نر جنس پر فوقیت دیتا تھا۔ کیونکہ اس کا مشاہدہ یہی کہتا تھا کہ انسان ہو یا جانور مادہ ہی کے پیٹ سے نئی نسل پیدا ہوتی ہے۔ اسپین اور فرانس کے غاروں میں پتھر کے زمانے کی جو دیواری تصویریں اور مجسمے ملے ہیں، ان سے اس دعویٰ کی پوری پوری تصدیق ہوتی ہے۔

جہاں تک تحفظ ذات کا تعلق ہے، دور حاضر کے انسان نے بیشتر بیماریوں پر قابو پالیا

ہے اور علاج کے امتناعی و شفائی طریقوں نے بھی بہت ترقی کرلی ہے، لیکن ابتدائی انسان نہ تو بیماریوں کے اسباب سے واقف تھا اور نہ اس کو علاج کے طریقے آتے تھے۔ اس کو جڑی بوٹیوں، نمکوں اور دوسری نباتات و معدنیات کی شفابخش تاثیر کا علم لاکھوں برس کے تجربے کے بعد ہوا ہے۔ اس تجربے کے کارن نہ جانے کتنوں کی جانیں گئی ہوں گی تب کہیں علم طب کی بنیاد پڑی ہوگی۔ اس بات کو ابھی پانچ چھ ہزار برس سے زیادہ عرصہ نہیں گزرا ہے۔ چنانچہ کانسے کے زمانے میں بھی عام عقیدہ یہی تھا کہ بیماری کا باعث کسی رب النوع، کسی دیوی دیوتا یا جن بھوت کی خفگی ہے۔ اسی لئے لوگ دوادارو کے بجائے جھاڑ پھونک، دعا تعویذ، نذر نیاز کو زیادہ اہمیت دیتے تھے۔ یہاں تک کہ انجیل مقدس کے مطابق حضرت عیسیٰؑ بیماروں کے بدن سے بد روحیں نکال کر اپنی مسیحائی کے معجزے دکھاتے تھے۔

عقائد کی سخت گیری کا عالم یہ ہے کہ آج بھی جب کہ سائنس نے تجربے سے ثابت کر دیا ہے کہ تمام ذہنی اور جسمانی بیماریوں کے اسباب مادی ہوتے ہیں اور کوئی مافوق الفطرت طاقت ان خرابیوں کی ذمہ دار نہیں ہے، ہمارے ملک کے لاکھوں کروڑوں باشندوں کا ایمان ہے کہ پیروں فقیروں کے مزار پر منت ماننے یا دعا تعویذ سے بیماریاں دور ہوسکتی ہیں۔ بالخصوص پاگل پن، مرگی اور ہسٹریا جیسی نفسیاتی اور اعصابی بیماریاں، جن کے باقاعدہ علاج کا ابھی تک ہمارے ملک میں مناسب انتظام نہیں ہے۔ شعور کی یہ پستی اس بات کا ثبوت ہے کہ یہاں کے بیشتر علاقوں کے سماجی حالات اور پیداواری آلات میں کانسے کے زمانے سے اب تک بہت کم تبدیلی ہوئی ہے۔ زندگی پرانے ڈگر پر بدستور چل رہی ہے اور حاکم طبقوں کی برابر یہی کوشش ہے کہ لوگ سائنسی علم کی روشنی سے محروم رہیں اور توہم پرستیوں میں بدستور مبتلا رہیں۔

کانسے کی تہذیبوں کا انداز فکر واحساس زیادہ ترقی یافتہ تھا۔ کیونکہ کانسے کے دور میں پیداواری آلات و اوزار بہتر ہو گئے تھے۔ پیداوار اور آبادی بڑھ گئی تھی۔ کاموں کی تقسیم میں اضافہ ہو گیا تھا۔ پتھر کے زمانے کا معاشرہ سفری اور شکاری معاشرہ تھا۔ کانسے کا معاشرہ حضری اور زرعی معاشرہ تھا۔ مصر، یونان، وادی دجلہ، وادی سندھ، وادی گنگ وجمن اور ایران کی پرانی تہذیبیں کانسے کی تہذیبیں تھیں۔ ان کے عظیم الشان تخلیقی کارناموں کو بیان کرنے کے لئے دفتر درکار ہوں گے۔ کانسے کے زمانے کا انسان ہل بیل کی مدد سے کھیتی باڑی کرتا تھا۔ اسے تجربے سے معلوم ہو گیا تھا کہ جو بوؤگے وہی کاٹوگے۔

زمین کو جوتنے والے ہل، کمہار کا چاک، پہیہ دار گاڑیاں، سوت اور اون کاتنے کے چرخے اس دور کے پیداواری آلات و اوزار تھے۔ مٹی کے برتنوں کو آگ میں پکانا، دھاتوں کو پگھلانا، کپڑے بننا، عمارتیں بنانا، شہر بسانا اور مٹی کی لوحوں یا درخت کی چھالوں یا جانور کی کھالوں پر صوتی علامتوں کے نقوش بنانا (فن تحریر کی ایجاد) ان کے ہنر تھے۔ مختصر یہ کہ انسان پہلی بار کانسے کے دور ہی میں قسم قسم کی مادی تخلیقات پر خود قادر ہوا تھا۔ گویا پہلی بار صحیح معنی میں انسان بنا تھا۔

اس مضمون میں گنجائش نہیں ہے ورنہ ہم تفصیل سے بتاتے کہ کانسے کے زمانے کی تخلیقی سرگرمیوں کا اس دور کے نظام فکر و احساس سے کیا رشتہ ہے۔ اور اس دور کے عقائد، ذہنی رجحانات، علم وادب اور فنونِ لطیفہ کس کس طرح اپنے سماجی حالات یعنی طرز معاشرت کی عکاسی کرتے ہیں۔ مثلاً جب معاشرے میں طبقات قائم ہوئے اور ذاتی ملکیت نے رواج پایا اور معاشی اور سیاسی اقتدار مطلق العنان بادشاہوں، دربار کے امیروں اور پروہتوں کے ہاتھ میں آیا تو ان طبقوں نے اپنے معاشرتی نظام سے ملتا جلتا اور اس کے متوازی پوری کائنات کے نئے نئے عقیدوں نے رواج پایا۔

جس طرح زمین پر بادشاہوں کی مطلق العنان حکومت تھی، اسی قسم کی مطلق العنان حکومت آسمان پر بھی قائم کی گئی۔ جس طرح زمین پر عام انسانوں کی زندگی اور موت بادشاہ کے اختیار میں تھی اور اس کی تقدیر کا فیصلہ حاکم وقت کرتا تھا، اسی طرح کا اختیار کائنات کے قادر مطلق خداؤں زیوس، رَع، مردوک، بَعل، اہومزوا، ایشور وغیرہ سے منسوب کیا گیا۔ جزا سزا، دوزخ جنت، ملائکہ اور مقربین، شیاطین اور بھوت پریت، حساب وکتاب، حشر ونشر، میزان اور عدالت، غرض کہ افکار وعقائد کا ایک باقاعدہ نظام مرتب ہوگیا، جو غور سے دیکھا جائے تو اس دور کی مطلق العنان بادشاہوں کا ہوبہو چربہ نظر آئے گا۔ شعور کی کمی کے باعث انسان عالمِ موجودات کی سائنسی توجیہ وتشریح نہیں کر سکتا تھا۔ لہٰذا اس نے کائنات کے نظام عمل کو بھی اپنے سماجی نظام کے حوالے سے دیکھا۔ سماجی نظام کے چربے یا عکس کو اصل خیال کیا اور جو اصل حقیقت تھی، اسے نظام کائنات کا چربہ یا عکس سمجھا۔

اسی طرح کانسے کے دور کی نظموں اور داستانوں میں، گیتوں اور گانوں میں، مجسموں اور رنگین تصویروں میں غرضیکہ تمام ذہنی اور حسی تخلیقات میں لوگوں کی طرز زندگی کا، جذبات وخواہشات کا، ان کے غموں اور خوشیوں کا، پسند اور ناپسند کا، عادات واطوار کا، عشق ومحبت کی قلبی واردات کا، اخلاق اور آداب کا بڑا دلکش اور خیال آفریں نقشہ ملتا ہے۔

ہر معاشرے کا نظامِ فکرواحساس سماجی شعور کے تابع ہوتا ہے اور یہ سماجی شعور سماجی حالات کے مطابق ہوتا ہے۔ مثلاً انسان ہزاروں سال سے یہی یقین کرتا چلا آتا تھا کہ کائنات کا مرکز ومحور زمین ہے اور چاند سورج زمین کے گرد گھومتے رہتے ہیں۔ دوسرا عقیدہ یہ تھا کہ زمین فرش کی طرح بچھی ہوئی ہے۔ ہماری آنکھیں بھی اس عقیدے کی

تصدیق کرتی ہیں بلکہ اس عقیدے کی بنیاد ہی ذاتی مشاہدہ پر تھی۔ اگر کوئی دانشوران عقائد سے اختلاف کرتے ہوئے کہتا تھا کہ سورج چاند کی گردش ہماری نظر کا دھوکا ہے۔ دراصل زمین گھومتی ہے تو اسی پر کفر و الحاد کے فتوے لگائے جاتے تھے۔ اس کو آگ میں زندہ جلا دیا جاتا تھا۔ البتہ جب دور بین، خورد بین اور اسی نوع کے دوسرے آلات ایجاد ہوئے تو ثابت ہو گیا کہ یہ سارا نظام بطلیموسی جس کی صداقت مقدس کتابوں سے ثابت کی جاتی تھی، واقعی قیاس آرائی اور نظر کا دھوکہ تھا۔

پھر رفتہ رفتہ اور آلات ایجاد ہوئے اور انسان نے اپنے تجربے سے معلوم کر لیا کہ بارش سیلاب، آندھی طوفان، بجلی زلزلے، خشک سالی سب کے مادی اسباب ہیں اور ان کی بابت وثوق سے پیشن گوئی کی جاسکتی ہے۔ اسی طرح یہ بھی پتہ چل گیا کہ زمین، چاند، سورج اور دوسرے مظاہر قدرت مادے کی مختلف شکلیں ہیں۔ ان کی حرکت کے مادی قانون ہیں اور یہ کہ مادہ فنا نہیں ہوتا بلکہ جون بدلتا رہتا ہے۔ ان انکشافات و ایجادات سے انسان کے افکار و عقائد میں جو عظیم انقلاب آیا وہ اظہر من الشمس ہے۔ ۲ مولوی صاحبان اب تو اس بحث سے کتراتے ہیں کہ زمین ساکن ہے یا متحرک، گول ہے یا فرش کی مانند بھی ہوئی لیکن ۱۹ ویں صدی میں ان سوالوں کو بڑی اہمیت دی جاتی تھی، چنانچہ سر سید احمد خان نے ۱۸۴۸ء میں قول متین در ابطال حرکت زمین کے عنوان سے ایک مقالہ لکھا تھا۔

یہی حال تخلیق کے عقیدے کا ہے کہ ہر مذہب کی اساس اس پر قائم ہے۔ عقیدۂ تخلیق کے اہم نکتے دو ہیں۔ اول یہ کہ موجوداتِ عالم مخلوق ہیں یعنی وہ از خود عدم سے وجود میں نہیں آئے بلکہ ان کا کوئی خالق ضرور ہے۔ دوم یہ کہ یوم تخلیق سے آج تک یہ تمام اشیاء—جانور، انسان، نباتات، جمادات، جوں کی توں موجود ہیں۔ ان میں ابد تک کوئی

تبدیلی نہیں ہو گی۔ یوں تو عہد قدیم کے متعدد یونانی، لاطینی اور ہندوستانی مفکر (ہیراک لائی ٹوئس، لوکری شیش، گوتم بدھ، چارواک وغیرہ) ان عقیدوں کو نہیں مانتے تھے لیکن عقلی دلائل کے علاوہ ان کے پاس کوئی ٹھوس ثبوت انکار کے حق میں نہ تھا۔ البتہ ۱۹ویں صدی میں جب ڈارون اور دوسرے سائنسدانوں نے ارتقا کا نظریہ پیش کیا اور ٹھوس شواہد اور آثار سے ثابت کیا کہ حیوانوں کو کسی نے خلق نہیں کیا ہے اور نہ وہ ازل سے یکساں موجود ہیں بلکہ ان میں نوعی تبدیلیاں ہوتی رہی ہیں اور جانوروں نے بشمول انسان ارتقاء کے مختلف ادوار سے گزر کر موجودہ شکل اختیار کی ہے تو انسان کے افکار وعقائد میں بھی بڑی تبدیلیاں پیدا ہوئیں۔ ۳ڈارون کی کتاب ORIGIN OF SPECIES ۱۸۵۹ میں شائع ہوئی تو برطانیہ اور امریکہ میں ہل چل مچ گئی۔ ڈارون کی مخالفت اور حمایت میں مضامین اور رسالے لکھے گئے۔ گرجا گھروں میں وعظ ہوئے۔ مناظرے ہوئے۔ تقریریں کی گئیں، حتیٰ کہ کتاب کو ضبط کرنے کے لئے مظاہرے بھی ہوئے لیکن آخر کار سب کو ڈارون کی بات ماننی پڑی۔ چنانچہ آج دنیا کے ہر مہذب ملک میں ارتقا کا نظریہ نصاب میں داخل ہے۔ ہمارے ملک میں کسی شخص کو یہ توفیق تو نہ ہوئی کہ ڈراون کا جواب علمی علی سطح پر دیتا۔ البتہ ہمارے بعض شاعروں اور ادیبوں نے جن میں حضرت اکبر الہ آبادی پیش پیش تھے، ڈراون کا منہ چڑھایا اور نظریۂ ارتقا پر پھبتیاں کس کر یہ سمجھتے رہے کہ ہم نے ڈراون کی زبان بند کر دی ہے۔

اوپر کی باتوں سے ہم اس نتیجہ پر پہنچتے ہیں کہ ہمارے افکار واحساسات آسمان سے نہیں ٹپکتے اور نہ زمان ومکان کی قید سے آزاد ہوتے ہیں بلکہ تہذیب کے دوسرے عوامل کی طرح سماجی حالات کی پیداوار ہوتے ہیں۔ دوسرے یہ کہ ہر تہذیب کے نظامِ فکر واحساس میں وقتاً فوقتاً تبدیلیاں ہوتی رہتی ہیں اور ان تبدیلیوں کا باعث سماجی حالات

میں تغیرات ہیں لیکن سماجی حالات اس وقت تک نہیں بدلتے جب تک خود معاشرے کے اندر کوئی ایسی سماجی قوت نہ ابھرے جو ان حالات کی نفی کرتی ہو۔

اس کے یہ معنی نہیں ہیں کہ خیالات ہمارے ذہن کی فقط انفعال یا مجہول کیفیت ہوتے ہیں یا وہ ہمارے طرزِ عمل یا معاشرے پر کوئی اثر نہیں ڈالتے۔ حقیقت یہ ہے کہ خیالات میں بڑی طاقت، بڑی توانائی ہوتی ہے۔ خیالات انسان کی قوتِ عمل کو حرکت میں لاتے ہیں۔ اس کی سرگرمیوں کا رخ متعین کرتے ہیں۔ اس میں ایمان، یقین اور ولولہ پیدا کرتے ہیں اور اسے اپنی زندگی کا فلسفہ متعین کرنے میں مدد دیتے ہیں۔ مگر جیوں ہی ہم یہ سوال اٹھاتے ہیں کہ فلاں فلسفہ دسویں صدی میں کیوں نمودار ہوا، دوسری صدی میں انسانوں کے ذہن میں کیوں نہیں ابھرا، یا فلاں نظریہ انیسویں صدی میں کیوں نمودار ہوا، پانچویں صدی میں کیوں نہ ابھرا تو پھر ہم کو لازمی طور پر اس مخصوص صدی میں انسان کے حالاتِ زندگی کو جانچنا پڑتا ہے۔

ان کی ضروریاتِ زندگی کیا تھیں، وہ ان ضرورتوں کو کس طرح پورا کرتے تھے، ان کے پیداواری عناصر اور آلاتِ پیداوار کیا تھے اور ان کے معاشرے میں انسان انسان کے درمیان کیا روابط تھے اور جب ہم ان سوالوں کے جواب پر غور کرتے ہیں تو پتہ چلتا ہے کہ انسان اپنی تاریخ کا مصنف بھی ہے اور تاریخ کے ڈرامے کا اداکار بھی۔

مثال کے طور پر سر سید احمد خاں کے خیالات کا جائزہ لیں۔ برصغیر پاک و ہند کے مسلمانوں کی ذہنی اور حسی اصلاح کے سلسلے میں سر سید کی خدمات کسی سے چھپی ہوئی نہیں ہیں۔ لیکن ہم دیکھتے ہیں کہ ۱۸۴۸ء میں آئین اکبری مرتب کرتے ہیں اور جب مرزا غالبؔ ان کو لکھتے ہیں کہ میاں ان پرانی باتوں میں اب کیا دھرا ہے۔ ان سے نکلو اور دیکھو کہ دانایانِ فرنگ نے سائنس کی کیسی کیسی حیرت انگیز ایجادیں کی ہیں تو سر سید کو غالبؔ کی

یہ نصیحت بری لگتی ہے لیکن بیس سال بعد وہی سر سید احمد خاں سائنٹفک سوسائٹی بناتے ہیں اور آثار قدیمہ کے نمائندوں سے "نیچری" کافر، زندیق کا خطاب پاتے ہیں۔

سر سید کے اندر یہ ذہنی انقلاب کیا کوئی اتفاقی امر تھا یا اس کے کچھ سماجی اسباب و محرکات تھے؟ معمولی سمجھ کا آدمی بھی یہی کہے گا کہ سر سید کے خیالات میں جو تبدیلیاں آئیں، وہ ملک میں مغربی طرز کے نظم و نسق، مغربی طرز معاشرت اور مغربی تعلیم کے نفوذ کے سبب آئیں اور اگر مغرب کا اثر و نفوذ غالب نہ ہوتا تو غالباً سر سید بھی بدستور آثار قدیمہ ہی کے نظاروں میں محو رہتے۔

ہمیں یہ حقیقت بھی فراموش نہیں کرنی چاہئے کہ تہذیب جب طبقات میں بٹ جاتی ہے تو خیالات کی نوعیت بھی طبقاتی ہو جاتی ہے اور جس طبقے کا غلبہ معاشرے کی مادی قوتوں پر ہوتا ہے، اسی طبقے کا غلبہ ذہنی قوتوں پر بھی ہوتا ہے۔ یعنی معاشرے میں اسی کے خیالات و افکار کا سکہ چلتا ہے۔ مثلاً اشرافی تہذیب میں ایفائے عہد، شجاعت، سخاوت، مہمان نوازی اور عزت داری کو بڑی اہمیت دی جاتی تھی کیونکہ اشرافیہ طبقے کی بقا کے لئے ان تصورات پر عمل کرنا بہت ضروری تھا۔ لیکن صنعتی تہذیب میں جب سرمایہ دار طبقے کا غلبہ ہوا تو ان تصورات کی پرانی افادیت باقی نہیں رہی۔ ان کی جگہ آزادی، مساوات، جمہوریت کے تصورات نے رواج پایا کیونکہ یہ تصورات سرمایہ دار طبقے کے لئے مفید تھے۔ اور ان تصورات کو مقبول عام بنائے بغیر سرمایہ دار طبقہ اشرافیوں کو اقتدار کی کرسی سے ہٹا نہیں سکتا تھا۔

مگر طبقاتی تہذیبوں میں ٹکسالی افکار و عقائد کے خلاف "باغیانہ" خیالات بھی ابھرتے رہتے ہیں۔ حکمراں طبقہ ان خیالات کا سختی سے سد باب کرتا ہے۔ ان خیالات کی تبلیغ کرنے والوں کو ملک و قوم کا دشمن یا خدا دشمن قرار دیا جاتا ہے۔ ان کی زبان بندی کی

جاتی ہے، ان کی تحریروں کو نذر آتش کیا جاتا ہے اور ضرورت ہو تو ان کو جان سے مار دیا جاتا ہے۔ "باغیانہ" خیالات کا ظہور معاشرے کے محکوم طبقوں کے "باغیانہ" تقاضوں کی نشان دہی کرتا ہے۔ مثلاً خلافت بنی امیہ کے دور میں عقیدۂ جبر کا غلبہ تھا۔ اس عقیدے سے بنی امیہ کی جابرانہ حکومت کو تقویت ملتی تھی۔ اس کے برعکس بنی امیہ کے مخالفین قدر و اختیار کے فلسفے کے حامی تھے۔ کیونکہ فلسفۂ قدر میں حاکمِ وقت کو بدلنے کی اجازت تھی اور یہ فلسفہ بنی عباس کے حق میں نہایت موزوں تھا۔ چنانچہ بنی عباس نے ابتدا میں معتزلہ کی خوب ہمت افزائی کی، البتہ جب ان کا اقتدار مستحکم ہو گیا تو انہوں نے بھی معتزلہ پر اسی طرح مظالم ڈھائے جس طرح ان کے پیش رو اموی خلفا نے ڈھائے تھے۔

سماجی اقدار کسی معاشرے میں روابط و سلوک، اخلاق و عادات، طرز بود و ماند، رسم و رواج، حسن و جمال اور فن و اظہار فن کے جو معیار رائج ہوتے ہیں، وہی اس معاشرے کے سماجی اقدار کہلاتے ہیں۔ یہ قدریں کسی مجلس شوریٰ میں وضع نہیں کی جاتیں اور نہ قانون کے ذریعہ نافذ ہوتی ہیں، بلکہ ان کے پیچھے صدیوں کی تاریخی روایات ہوتی ہیں۔ معاشرے کی کسب وجہد ہوتی ہے، اس کے تجربے اور مشاہدے ہوتے ہیں، اس کا جمالیاتی ذوق ہوتا ہے اور ان سب کے قوام سے سماجی قدریں رفتہ رفتہ تشکیل پاتی ہیں۔

معاشرے کے افراد ان قدروں کی حتی الوسع پابندی کرتے ہیں۔ پرانے زمانے میں تو ان قدروں پر بڑی سختی سے عمل ہوتا تھا۔ اور ان سے انحراف کرنے والوں کو قبیلہ ہی سے خارج کر دیا جاتا تھا۔ مثلاً عربوں کی قبیلہ واری نظام کی بنیاد "عصبیت" یعنی قبیلہ سے وفاداری پر تھی اور یہ وفاداری اتنی غیر مشروط تھی کہ اگر قبیلہ کسی شخص کو حکم دیتا کہ اپنی بیوی کو طلاق دو تو وہ اس حکم کی خلاف ورزی نہیں کر سکتا تھا۔ پروفیسر مونٹ گومری واٹ اس تصور کو "قبیلہ واری انسان دوستی" سے تعبیر کرتا ہے۔ اگر کوئی شخص

اپنے باپ بھائی کے خون کا بدلہ نہ لیتا تو قبیلہ والے اس کو بڑی حقارت سے دیکھتے تھے بلکہ اس کی زندگی اجیرن ہو جاتی تھی۔

چنانچہ عرب شاعر امر اُالقیس کے بارے میں مشہور ہے کہ جب وہ اپنے باپ کے قتل کا بدلہ لینے روانہ ہوا تو راستے میں ذوالخلاصہ کے معبد پر استخارے کے لئے ٹھہرا۔ اس نے تین بار رسم کے مطابق تیر توڑے مگر ہر بار یہی استخارہ نکلا کہ انتقام کا ارادہ ترک کر دو۔ امر اُالقیس کو دیوتا پر بہت طیش آیا اور تیروں کے ٹکڑے بت کے منہ پر مار کر بولا، "لعنت ہو تجھ پر، اگر تیرا باپ قتل ہوتا تو ہرگز مجھے منع نہ کرتا۔" اسی طرح اگر کوئی شخص کسی مسافر کو خواہ وہ قاتل یا ڈاکو ہی کیوں نہ ہوتا، پناہ دینے سے گریز کرتا تو لوگ اس کو نہایت بزدل سمجھتے تھے اور بزدلی قبلہ واری نظام میں سب سے شرمناک، اخلاقی کمزوری خیال کی جاتی تھی۔

معاشرہ اپنی سماجی قدروں کی پاسبانی اس وجہ سے کرتا ہے کہ سماج کی بقا کا دارومدار بڑی حد تک انہیں قدروں کے تحفظ پر ہوتا ہے۔ اگر ان قدروں کی طرف سے غفلت برتی جائے تو معاشرے کا شیرازہ ہی بکھر جائے اور اس کی انفرادیت باقی نہ رہے۔ مثلاً عربوں میں ظہور اسلام سے پیشتر ذی الحجہ کے مہینے میں خونریزی قطعاً ممنوع تھی۔ وجہ یہ تھی کہ حج کے موقع پر مکہ میں بہت بڑا تجارتی میلہ لگتا تھا۔ اس میلے میں سوداگروں کے قافلے دور دراز مقامات سے آکر شریک ہوتے تھے اور ہفتوں خرید و فروخت کا بازار گرم رہتا تھا۔ اہالیان مکہ کی روزی کا انحصار اسی میلہ اور زائرین حج کے اجتماع پر تھا۔ (یہ صورت حال ہنوز باقی ہے۔) اب اگر قبائلی جنگیں حج کے زمانے میں بھی جاری رہتیں تو ظاہر ہے کہ عربوں کی معیشت کا سارا نظام درہم برہم ہو جاتا۔

اسی طرح ہمارے ملک میں بعض خانہ بدوش بلوچ قبیلوں کی سماجی قدروں کی بنیاد

"شرکت" پر قائم ہے۔ شرکت سے مراد یہ ہے کہ قبیلہ کے افراد کے اثاثے پر ہر شخص کا مساوی حق ہوتا ہے۔ مثلاً اگر ایک خاندان کے پاس نمک یا آٹا ختم ہو جائے تو وہ دوسرے خیمے سے یہ چیزیں لے آسکتا ہے۔ اس کو خیمے والے سے اجازت لینے کی ضرورت نہیں ہوتی اور نہ ان چیزوں کی قیمت ادا کرنی پڑتی ہے۔

بعض حلقوں کا خیال ہے کہ سماجی قدریں آسمان سے کسی مذہبی پیشوا یا مصلح قوم یا فرماں روا کی وساطت سے نازل ہوتی ہیں لیکن حقیقت یہ ہے کہ سماجی قدریں اوپر سے نافذ نہیں ہوتیں۔ جن قدروں کو افراد سے منسوب کیا جاتا ہے ان کا اگر سراغ لگایا جائے تو پتہ چلتا ہے کہ وہ بھی معاشرے میں بہت پہلے سے رائج تھیں۔ مذہبی پیشوا یا مصلح قوم کی عظمت یہ ہے کہ وہ مروجہ قدروں میں سے فرسودہ اور مضرت رساں قدروں کو رد کر دیتا ہے اور مفید قدروں کو ایک ضابطے کی شکل میں مرتب کر دیتا ہے۔ دراصل ان سماجی قدروں کو معاشرہ اپنی ضرورتوں کے پیش نظر وضع کرتا ہے لیکن رفتہ رفتہ یہ حقیقت ہماری نظروں سے اوجھل ہو جاتی ہیں اور ہم ان قدروں کو انسان کے باہمی رابطوں اور سماجی ضرورتوں سے الگ کر کے معروضی حیثیت دینے لگتے ہیں۔

مثلاً ایامِ "جاہلیت" میں عربوں کے نزدیک انسان کا جوہر ذاتی "مروت" تھا۔ مروت کے لغوی معنیٰ ہیں "مردانگی۔" اس مروت کا اظہار شجاعت، سخاوت اور ایفاء عہد کے ذریعہ ہوتا تھا۔ اسی طرح خطاب، تیر اندازی اور شہ سواری کا شمار بھی اعلیٰ ترین اوصاف میں ہوتا تھا مگر عربوں نے اپنے مرد کامل کا یہ معیار تفریحاً مقرر نہیں کیا تھا اور نہ ان پر وحی آتی تھی بلکہ ان اوصاف کا تعلق ان کی زندگی اور موت سے تھا۔ کیونکہ جس ملک میں قبیلے دن رات آپس میں لڑتے ہوں، وہاں کے لوگوں میں اگر "مروت" نہ ہو تو زندگی محال ہو جائے۔

بعض سماجی قدریں اپنے عہد کی، قریب قریب سبھی تہذیبوں میں مشترک ہوتی ہیں مثلاً جن دنوں غلامی کا رواج نہیں ہوا تھا تو جنگی قیدیوں کو قتل کر دیا جاتا تھا کیونکہ معاشرہ قیدیوں کے روٹی کپڑے کی کفالت نہیں کر سکتا تھا اور نہ ان کو آزاد چھوڑ سکتا تھا، اس وقت انسانوں کا یہ خونِ ناحق اخلاقی جرم نہیں سمجھا جاتا تھا بلکہ معمولات میں شامل تھا۔ لیکن جب فتح مندوں کو یہ احساس ہوا کہ جنگی قیدیوں سے روٹی کپڑے کے عوض مشقت کے سخت سے سخت کام لئے جاسکتے ہیں اور ان کی مدد سے پیداوار بڑھائی جاسکتی ہے تو ان کو قتل کرنے کا رواج ترک کر دیا گیا اور ان کو غلام بنالیا گیا۔ اب غلام اور کنیزیں آقاؤں کی ذاتی ملکیت بن گئیں اور ان کی خرید و فروخت معمولات میں شامل ہو گئی۔ حتیٰ کہ افلاطون اور ارسطو جیسے اخلاقیات کے مبلغین کو بھی غلامی میں کوئی عیب نظر نہیں آیا۔

مگر سماجی رشتوں کی بعض غیر پیداواری قدریں بھی مشترک ہوتی ہیں۔ مثلاً راست بازی، مہماں نوازی، رحم دلی، عدل وانصاف، مظلوم کے ساتھ ہمدردی، فن کاروں کی عزت، عالم فاضل بزرگوں کا احترام، شعر و شاعری اور گانے بجانے کا شوق، شادی بیاہ کی تقریبوں میں خوشی اور غمی یا موت پر افسوس کا اظہار۔ یہ قدریں کم و بیش سب تہذیبوں میں رائج ہوتی ہیں۔ البتہ ان کو برتنے کے انداز اور قاعدے جدا جدا ہوتے ہیں۔

لیکن بعض قدریں معاشرے کی انفرادی خصوصیت ہوتی ہیں اور ضروری نہیں کہ دوسرا معاشرہ بھی ان قدروں کی پیروی کرے۔ مثلاً بعض قومیں چھپکلی، مینڈک، سانپ، سور، حتیٰ کہ کتے کا گوشت بھی بڑے شوق سے کھاتی ہیں جب کہ دوسری قومیں ان جانوروں کو چھونا بھی پسند نہیں کرتیں۔ اسی طرح تن عریانی ہمارے معاشرے میں نہایت معیوب ہے حالانکہ بعض قبیلے بالکل ننگے رہتے ہیں اور برہنگی سے ان کو نہ تو

گھبراہٹ محسوس ہوتی ہے اور نہ ان کے جنسی جذبات میں ہیجان اٹھتا ہے۔ بعض تہذیبوں میں ایک سے زیادہ بیویاں رکھنا ممنوع ہے، بعضوں میں ممنوع نہیں ہے۔ بعضوں میں طلاق کا رواج ہے، بعضوں میں نہیں ہے۔ حسن کے معیار ہی کو لیجئے۔ جو آریاؤں، دراوڑوں، حبشیوں اور منگولوں میں ایک دوسرے سے جدا ہے۔

کسی تہذیب میں آبنوس کی طرح جھلکتا سیاہ رنگ، چپٹی ناک اور موٹے موٹے لٹکتے ہونٹ حسن کی نشانی ہیں اور کسی تہذیب میں گورا رنگ، ستواں ناک، پتلے ہونٹ اور نرگسی آنکھیں۔ چنانچہ حبشہ کا جب کوئی عیسائی مصور حضرت مسیحؑ اور مریمؑ کی رنگین تصویر بناتا ہے تو ممدوحین کے چہرے کے نقوش اور کھال کا رنگ ان کے اپنے معیارِ حسن کے مطابق ہوتے ہیں۔ لہٰذا ہم کسی حبشی یا جاپانی کے حسن کو اپنے معیارِ حسن سے نہیں جانچ سکتے بلکہ ہمیں حسن کی وہ کسوٹی استعمال کرنی ہوگی جو حبشیوں اور جاپانیوں میں رائج ہے۔ یہی حال دوسری سماجی قدروں کا ہے۔ ہم دوسروں کی سماجی قدروں کو اپنی سماجی قدروں کی کسوٹی پر پرکھنے کے مجاز نہیں ہیں۔

سماجی قدروں کو پرکھنے کا اگر کوئی عالمگیر معیار ہے وہ یہ کہ آیا ان قدروں سے افراد کی داخلی صلاحیتوں یعنی ذہنی اور جسمانی امکانات کو فروغ ملتا ہے یا نہیں۔ ان کی تخلیقی قوت اور توانائی بڑھتی ہے یا نہیں۔ اگر جواب اثبات میں ہے تو پھر ہم کو فقط اس بنیاد پر اعتراض کرنے کا حق نہیں پہنچتا کہ یہ قدریں ہماری قدروں سے مختلف ہیں۔ البتہ جواب اگر نفی میں ہے تو پھر ہم اعتراض کرنے میں حق بجانب ہوں گے۔ خواہ وہ قدریں ہماری ہوں یا کسی اور کی۔

سماجی قدریں جامد اور ناقابل تغیر نہیں ہوتیں بلکہ ان میں بھی وقتاً فوقتاً تبدیلیاں ہوتی رہتی ہیں۔ مثلاً یونان اور روما کی پرانی تہذیبوں میں بھاری جسم کی عورتیں حسین

سمجھی جاتی تھیں کیونکہ اس زمانے میں خوراک کی قلت کے باعث فربہی خوش حالی کی علامت بن گئی تھی۔ حسن کا یہ معیار قرونِ وسطیٰ تک باقی رہا۔ چنانچہ رافیل، ٹی شین، مائیکل اینجیلو وغیرہ کی تصویروں میں عورتوں کے چہرے، پستان، پیڑو، کولہے، رانیں، ہاتھ پاؤں سب سے موٹاپے کا اظہار ہوتا ہے۔ آج کل موٹاپا معیوب سمجھا جاتا ہے کیونکہ طبی سائنس نے ثابت کر دیا ہے کہ موٹاپا صحت کے لئے سخت مضر ہے۔ چنانچہ خوشحال گھروں کی نکمی عورتیں دبلے ہونے کے لئے طرح طرح کے جتن کرتی رہتی ہیں البتہ محنت کش عورتیں اس بیماری سے محفوظ ہیں۔ جسمانی مشقت کے باعث ان کے بدن پر چربی بہت کم چڑھتی ہے۔

معاشرتی ماحول اور سماجی حالات میں جو تبدیلیاں آتی ہیں ان کا اثر قدروں پر بھی پڑتا ہے۔ مثلاً کسی زمانے میں عرب قوم میں مروت کو انسانیت کا جوہر خیال کیا جاتا تھا۔ لیکن آپ کو آج بغداد، جدہ، دمشق، قاہرہ اور بیروت میں کہ عرب تہذیب کے مراکز ہیں احساسِ مروت کا نام و نشان نہیں ملے گا۔ بلکہ سود و زیاں کا وہی کاروباری اور بے مروت ماحول جو دوسرے سرمایہ دار ملکوں کی سرشت ہے، اب عرب معاشرے میں بھی سرایت کر گیا ہے۔ اگرچہ سماجی قدریں ہر عہد میں معاشرے کی نوعیت اور اس کے تقاضوں کی عکاسی کرتی ہیں مگر بعض قدریں تولّائی ہوتی ہیں اور بعض مولائی یا آقائی۔

نفسیات اور عمرانیات کے علما تولّائی قدروں کو مادری نظام سے منسوب کرتے ہیں جس میں عورت کا رتبہ مرد سے اونچا ہوتا ہے، قبیلوں کے نام عورتوں کے نام پر رکھے جاتے تھے۔ (بنی کلثوم) حسب نسب ماں کی طرف سے چلتا تھا۔ (منذر ابن ماء السماء عمر ابن ہندہ، عمر ابن کلثوم معلقات کا شاعر) اور جائداد کی مالک بھی عورت ہی ہوتی تھی۔ محبت چونکہ عورت کی سرشت ہے اور وہ اپنے سب بچوں سے خواہ وہ نیک ہوں یا بد، یکساں

پیار کرتی ہے۔ اسی لیے کہا تا ہے کہ جن انسانی رشتوں میں محبت اور میل ملاپ کا عنصر غالب ہے وہ سماج کی تولائی قدروں کے مظہر ہیں۔ مثلاً بچوں سے پیار، بیماروں کی دیکھ بھال، مظلوموں سے ہمدردی، محتاجوں کی کفالت، مسافروں کی خاطر تواضع اور ایذا رسانی سے پرہیز وغیرہ۔

اس کے برعکس مولائی قدروں کو پدری نظام سے منسوب کیا جاتا ہے۔ یہ نظام تقسیم کار اور ذاتی ملکیت کے رواج کے ساتھ مادری نظام کے بعد وجود میں آیا۔ اس کی قدروں میں محبت کے بجائے آقائیت یا حاکمیت کا عنصر غالب ہوتا ہے۔ مثلاً حاکم کی اطاعت، بزرگوں کا احترام، وعدے کا ایفا، قتل، چوری، ڈاکہ، ناجائز قبضہ اور فتنہ وفساد کی ممانعت اور جنسی بے راہ روی سے پرہیز۔ ہر معاشرہ تولائی اور مولائی قدروں میں آہنگ و توازن قائم رکھنے کی کوشش کرتا ہے کیونکہ دونوں قسم کی قدریں مل کر سماجی وحدت بنتی ہیں، البتہ معاشرے میں ذاتی ملکیت کا نظام جتنا سخت اور ہمہ گیر ہوتا ہے، افراد پر مولائی قدروں کی گرفت اور ہیبت اتنی ہی زیادہ ہوتی ہے۔

مولائی قدروں کے محرکات بیشتر املاکی ہوتے ہیں۔ ان کا مقصد ذاتی ملکیت کے نظام اور اس کی مختلف تنظیموں (قبیلہ، خاندان، ریاست، حکومت، کلیسا) کا تحفظ ہوتا ہے ورنہ کسی کی ملکیت پر قبضہ مخالفانہ سے ملکیت کی نوعیت میں کوئی فرق نہیں آتا۔ زمین زمین ہی رہے گی، خواہ اس پر میرا قبضہ ہو یا میرے دشمن کا۔ چوری کا مال خواہ میرے پاس رہے یا اصل مالک کے پاس مال ہی رہے گا لیکن معاشرہ اس کی اجازت نہیں دیتا کیونکہ ان حرکتوں سے املاکی رشتوں کے تقدس پر ضرب پڑتی ہے۔

بسا اوقات ایک ہی معاشرے میں سماجی قدروں کے مختلف پیمانے ہوتے ہیں۔ مثلاً پدری نظام میں اخلاقی پیمانہ عورتوں کے لئے مردوں سے جدا ہوتا ہے۔ چنانچہ عصمت اور

پاکبازی ہمارے معاشرے میں فقط عورت کا زیور ہے۔۔۔ عورت میں اگر یہ وصف نہ ہو تو ہم اسے بڑی حقارت سے دیکھتے ہیں۔ البتہ مرد کا محاسبہ اس سختی سے نہیں ہوتا۔ حالانکہ جنسی تعلقات میں مرد اور عورت دونوں برابر کے شریک ہوتے ہیں اور انصاف کا تقاضا یہی ہے کہ دونوں کی ذمہ داری مساوی ہو۔ مگر مرد کنیز کے ساتھ مباشرت کر سکتا ہے۔ عورت اپنے غلام کے ساتھ مباشرت نہیں کر سکتی۔ مرد طوائف کے کوٹھے پر جا سکتا ہے، کلبوں، ہوٹلوں اور عیاشی کے دوسرے اڈوں میں اپنی ہوس پوری کر سکتا ہے لیکن عورت کو ان تفریحوں کی اجازت نہیں ہے اور اگر اس پر شبہ ہو جائے تو پہلا پتھر وہی پھینکے گا جس کی جنسی بے راہ روی سب پر عیاں ہو گی۔

اسی طرح طبقاتی معاشرے میں عام آدمیوں اور اونچے طبقوں کے لئے سماجی قدروں کے پیمانے جدا جدا ہوتے ہیں۔ مثلاً جاگیر داری نظام میں "اچھا" ہاری وہ ہے جو وڈیرے کو سجدہ کرے۔ اس کے روبرو ہاتھ باندھ کر کھڑا رہے۔ اس کی اطاعت کو اپنا منصبی فریضہ خیال کرے۔ زمین کو محنت اور جانفشانی سے جوتے بوئے اور فصل کو نہایت ایمانداری سے کاٹ کر مالک کے حوالے کر دے۔ شکایت کا ایک حرف زبان پر نہ لائے بلکہ جو کچھ مل جائے، اس پر قناعت کرے۔ اپنا حق بھی اس طرح مانگے جس طرح بھکاری بھیک مانگتے ہیں۔ اور "بُرا" بلکہ "بدمعاش" ہاری وہ ہے جو وڈیرے کی خدائی سے انکار کر دے، جو زمین اور اس کی پیداوار کو ہاریوں کا حق سمجھے، ہاریوں کو منظم کرے اور وڈیروں کی طاقت سے ٹکر لے۔

اور "اچھا" وڈیرا وہ ہے جو کسی کو خاطر میں نہ لاتا ہو۔ دلیر اور دبنگ ہو۔ وہ جس راستے سے گزرے تو زمین ہیبت سے کانپنے لگے اور بچے سہم کر ماں کی گود میں چھپ جائیں۔ بات کا دھنی اور دھن کا پکا ہو۔ کنجوس اور کاروباری نہ ہو بلکہ دولت کو پانی کی طرح

بہائے خواہ اس ٹھاٹھ باٹھ میں اس کا بال بال مقروض کیوں نہ ہو جائے۔ اپنے مزارعوں کو جی بھر کے لوٹے حتیٰ کہ ان کی بہو بیٹیوں کی عزت و آبرو بھی سلامت نہ رہنے دے لیکن کوئی دوسرا وڈیرا اگر اس کی "رعایا" کو آنکھ اٹھا کر بھی دیکھے تو اس کی آنکھیں پھوڑ دے۔ اربابِ اختیار سے بنا کر رکھے اور ان کی سیر و تفریح کا معقول بندوبست کرتا رہے تا کہ وہ، اس کے گماشتے جب قتل، ڈاکے، اغوا یا مویشیوں کی چوری میں ماخوذ ہوں تو ان پر آنچ نہ آنے پائے۔

جاگیر داری نظام کی یہ قدریں اب دم توڑ رہی ہیں لیکن سرمایہ داری نظام کی سماجی قدروں کی نوعیت بھی ان سے چنداں مختلف نہیں ہے۔ مثلاً کسی مل کے مالک یا تجارتی ادارے کے سربراہ سے عام ملازمین کی ذہنیت کا ذکر چھیڑا جائے تو دو چار باتوں ہی میں پتہ چل جاتا ہے کہ اس کے نزدیک اچھا ملازم وہ ہے جو وقت سے پہلے کام پر آئے اور وقت گزر جانے کے بعد بھی مشین کی طرح کام کرتا رہے۔ ایماندار اور محنتی ہو۔ انتظامیہ کے احکام کی اطاعت خندہ پیشانی سے کرے۔ سوچنے اور سوال کرنے سے پرہیز کرے۔ اجرت یا تنخواہ بڑھانے کا ایک حرف بھی زبان پر نہ لائے۔ یونین کی سرگرمیوں سے دور بھاگے بلکہ یونین کی خفیہ سرگرمیوں سے انتظامیہ کو مطلع کرتا رہے اور ملک کے سیاسی مسائل میں نہ دلچسپی لے اور نہ جلسوں جلوسوں اور ہڑتالوں میں شریک ہو۔ ایسے مزدور یا ملازم کو مل کے مالک، تجارتی اداروں کے سربراہ اور سرکاری افسر صنعتی دور کا "مثالی" انسان سمجھتے ہیں۔

البتہ "اچھے" افسر کے اوصاف کا معیار مختلف ہوتا ہے۔ اس کی شخصیت میں "جارحیت" اور "پش" ہونی چاہئے تا کہ وہ مقابلے کی دوڑ میں دوسروں کو دھکا دیتا کچلتا ہوا آگے بڑھ سکے۔ وہ رشوت، جھوٹ، خوشامد، سفارش، توڑ جوڑ اور دوسرے جائز ناجائز

ذریعوں سے کام نکلوانے کا ہنر جانتا ہو۔ وہ مزدوروں اور ملازموں کو انسان نہیں بلکہ "شے" سمجھتا ہو۔ دل کا کٹھور اور بے حس ہو۔ محبت، دوستی اور ہمدردی جیسے انسانی جذبات کو بھی مطلب براری کے لئے استعمال کرتا ہو۔ اس کے اپنے کوئی ذاتی مسائل نہ ہوں اور نہ کمپنی یا دفتر سے الگ اس کی کوئی نجی زندگی ہو، بلکہ اس کے شب و روز اپنے ادارے کی ترقی میں صرف ہوتے ہوں، خواہ اس بھاگ دوڑ میں اس کی گھریلو زندگی برباد کیوں نہ ہو جائے۔

اخلاقی قدروں کے معیار میں یہ اختلاف ہر طبقاتی معاشرے کی خصوصیت ہے۔ چنانچہ عمائدین اور حکام شہر کی شخصیتوں اور ہماشما کی شخصیتوں کو تولنے کی ترازوئیں ہر جگہ الگ الگ ہوتی ہیں۔ سرکاری محکمے، تھانہ اور عدالت، فیکٹریاں، ملیں، بینک، تجارتی ادارے، دکانیں اور دفتر، حتیٰ کہ عبادت خانے اور تعلیمی درس گاہیں کوئی بھی ان امتیازی بدعتوں سے پاک نہیں ہیں۔ اسی بنا پر افلاطون نے کہا تھا کہ ہر شہر میں دو شہر ہوتے ہیں ایک امیروں کا دوسرا غریبوں کا اور دونوں کے اخلاق و عادات ایک دوسرے سے مختلف ہوتے ہیں۔

حاشیے

(۱) ان معلومات کے لئے میں جناب شان الحق حقی سکریٹری اردو بورڈ کا ممنون ہوں۔

(۲) مولوی صاحبان اب تو اس بحث سے کتراتے ہیں کہ زمین ساکن ہے یا متحرک، گول ہے یا فرش کی مانند بھی ہوئی لیکن ۱۹ویں صدی میں ان سوالوں کو بڑی اہمیت دی جاتی تھی، چنانچہ سرسید احمد خان نے ۱۸۴۸ء میں "قول متین در ابطال حرکت زمین" کے عنوان سے ایک مقالہ لکھا تھا۔

(۳)ڈارون کی کتاب ORIGIN OF SPECIES ۱۸۵۹ میں شائع ہوئی تو برطانیہ اور امریکہ میں ہل چل مچ گئی۔ ڈارون کی مخالفت اور حمایت میں مضامین اور رسالے لکھے گئے۔ گرجا گھروں میں وعظ ہوئے۔ مناظرے ہوئے۔ تقریریں کی گئیں، حتیٰ کہ کتاب کو ضبط کرنے کے لئے مظاہرے بھی ہوئے لیکن آخر کار سب کو ڈارون کی بات ماننی پڑی۔ چنانچہ آج دنیا کے ہر مہذب ملک میں ارتقا کا نظریہ نصاب میں داخل ہے۔ ہمارے ملک میں کسی شخص کو یہ توفیق تو نہ ہوئی کہ ڈراون کا جواب علمی علی سطح پر دیتا۔ البتہ ہمارے بعض شاعروں اور ادیبوں نے جن میں حضرت اکبر الہ آبادی پیش پیش تھے، ڈراون کا منہ چڑھایا اور نظریہ ارتقا پر پھبتیاں کس کر یہ سمجھتے رہے کہ ہم نے ڈراون کی زبان بند کر دی ہے۔

***

تہذیب سے تمدن تک

تب انو نے پاکیزہ مقامات پر پانچ شہر بسائے اور ان کو نام دیے اور وہاں عبادت کے مرکز قائم کئے۔ ان میں پہلا شہر اریدو تھا۔

اسے پانی کے دیوتا اِن کی کے حوالے کیا گیا۔

لوح نیفر، سیلاب عظیم

ہر تہذیب اپنے تمدن کی پیش رو ہوتی ہے۔ تہذیب کے لئے شہر، دیہات، صحرا اور کوہستان کی کوئی قید نہیں۔ کیونکہ تہذیب معاشرے کی اجتماعی تخلیقات، اور اقدار کا نچوڑ ہوتی ہے۔ اسی لئے تہذیب کے آثار ہر معاشرے میں ملتے ہیں۔ خواہ وہ غاروں میں رہنے والے نیم وحشی قبیلوں کا معاشرہ ہو یا صحراؤں میں مارے مارے پھرنے والے خانہ بدوشوں کا معاشرہ ہو۔ چنانچہ تہذیب اس زمانے میں موجود تھی جب انسان پتھر کے آلات واوزار استعمال کرتا تھا اور جنگلی پھلوں اور جنگلی جانوروں کے شکار پر زندگی بسر کرتا تھا۔ اسپین اور فرانس کے غاروں کی رنگین تصویریں اور مجسمے اب سے چالیس پچاس ہزار برس پیشتر کے انسان کے حسن عمل اور حسن کا نادر نمونہ ہیں۔

لیکن تمدن کی بنیادی شرط شہری زندگی ہے۔ تمدن اسی وقت وجود میں آتا ہے جب شہر آباد ہوتے ہیں۔ دراصل تمدن نام ہی ان رشتوں کی تنظیم کا ہے جو شہری زندگی اپنے ساتھ لاتی ہے۔ خواہ یہ تنظیم انسان کے باہمی رشتوں سے تعلق رکھتی ہو یا انسان اور مادی

چیزوں کے باہمی ربط سے وابستہ ہو۔ یہی تنظیم آگے چل کر ریاستی نظام کی اساس بنتی ہے۔ تحریر کا رواج بھی تمدن ہی کا مظہر ہے کیونکہ وہ معاشرہ جو فن تحریر سے ناواقف ہو مہذب کہا جاسکتا ہے لیکن متمدن نہیں کہا جاسکتا۔

پرانے زمانے میں یوں تو شہر ہر جگہ دیہات ہی کی ترقی یافتہ شکل ہوتے تھے۔ لیکن شہر اور دیہات میں آبادی کی کمی بیشی کے علاوہ کیفیتی فرق بھی پایا جاتا تھا۔ ان دونوں انسانی تنظیموں کے سماجی تقاضے اور ترکیبی عناصر جدا جدا اور ان کے ماحول ومشاغل ایک دوسرے سے مختلف ہوتے تھے۔ زراعت زمین چاہتی ہے۔ وسیع اور کشادہ زمین۔ فصلوں اور درختوں کو جھولا جھلانے والی زمین۔ کھیتوں سے سونا اگلنے والی زمین۔ چرواہوں کے بانسر کے گیتوں اور پرندوں کی چہچہاٹوں سے شادکام اور مسرور زمین۔ اس کے برعکس شہر زراعت کا دشمن ہوتا ہے۔ وہ زمین کے سینے پر پتھر اور اینٹوں کا انبار رکھ دیتا ہے اور سڑکیں اس کے بدن میں لوہے کی گرم سلاخیں بن کر پیوست ہو جاتی ہیں۔ زراعت زمین کو پھلوں پھولوں اور پتیوں کے رنگ برنگے زیوروں سے سجاتی سنوارتی ہے۔ شہر زمین کا زیور اتار لیتا ہے۔ اس کا سہاگ لوٹ لیتا ہے۔

اس کے باوجود شہر انسانی ہنرمندی کا شاہکار ہے۔ شہر میں انسان کی روح تخلیق نئے رنگ میں جلوہ گر ہوتی ہے۔ شہر علم وحکمت کا، صنعت وحرفت کا، تجارت اور سیاست کا مرکز ہوتا ہے۔ شہر انسان کے عقل وشعور کا افق وسیع کرتا ہے، اسے جینے کے قرینے اور زندگی سے لطف اندوز ہونے کے سلیقے سکھاتا ہے۔

شہر کی ابتدا

ابتدا میں شہر تجارتی مرکز ہوتے تھے یا مذہبی زیارت گاہیں یا دونوں۔ ان کی جائے وقوع عام طور پر کوئی اہم گزرگاہ ہوتی تھی۔ مثلاً کوئی بستی کسی دریا کے کنارے یا کسی

شاہراہ پر آباد ہے۔ اب اس راہ سے آنے جانے والے قافلے لامحالہ وہاں پڑاؤ ڈالیں گے یا کشتی کے مسافر وہاں اتریں گے۔ گاؤں والوں سے خوراک کا سامان خریدیں گے اور مبادلے میں اپنا مال ان کے ہاتھ فروخت کریں گے۔ اس آمد و رفت اور خرید و فروخت کے باعث گاؤں میں باقاعدہ تجارت کا آغاز ہو گا۔ دکانیں کھلیں گی۔ بازار قائم ہوں گے۔ یہ دیکھ کر آس پاس کے ہنر مند، صناع اور بیوپاری وہاں آکر آباد ہوں گے۔

قرب و جوار کی مصنوعات سے تجارتی قافلے ترتیب دیئے جائیں گے اور سوداگر دور دراز کا سفر کریں گے۔ آبادی بڑھے گی تو گاؤں کی آس پاس کی زمینوں پر نئی بستیاں بس جائیں گی۔ جلاہوں کی بستیاں، رنگریزوں کی بستیاں، ٹھٹھیروں کی بستیاں، سوناروں کی بستیاں، معماروں کی بستیاں، موچیوں کی بستیاں، سوداگروں کی بستیاں۔ اس طرح گاؤں پھیلتے پھیلتے شہر بن جائے گا اور یہ بستیاں شہر کے محلوں میں تبدیل ہو جائیں گی۔

کبھی ایسا بھی ہوتا کہ کوئی قبیلہ کسی دریا کے کنارے آباد ہوا۔ قبیلے کے پروہت نے جو عام طور پر قبیلے کا سب سے بزرگ آدمی ہوتا تھا اپنے دیوتا کے لئے گھاس پھوس کا ایک مندر بنایا۔ حسن اتفاق سے عقیدت مندوں کی مرادیں پوری ہونے لگیں اور دیوتا کی شہرت قرب و جوار میں پھیل گئی۔ جاتریوں کی آمد و رفت بڑھی تو سودا بیچنے والوں نے مندر کے آس پاس چھوٹی چھوٹی دکانیں کھول لیں۔ تیوہاروں اور میلوں پر ہزاروں مرد عورتیں اور بچے وہاں جمع ہو گئے۔ پروہت کا کاروبار چمکا۔ قربانی اور چڑھاوے میں اسے دنیا بھر کی چیزیں مفت ملنے لگیں۔ غلہ، تیل، گھی، گائے، بیل، بھیڑ، بکری، کپڑے، زیور غرض کہ مندر میں چیزوں کا ڈھیر لگ گیا۔

سامان پروہت اور اس کے چیلوں چانٹوں کے استعمال سے کہیں زیادہ ہوتا تھا لہٰذا پروہت نے ان چیزوں کا کاروبار شروع کر دیا۔ جس دیوتا کے طفیل یہ دولت مفت ہاتھ

آئی تھی اس کے رہنے کے لئے مندر کی نئی عمارت بنوائی۔ رفتہ رفتہ آس پاس کی زمینیں بھی پروہت کے قبضے میں آ گئیں۔ مندر کا اثر و اقتدار بہت بڑھ گیا اور دیوتا کا مندر اپنے علاقے کا سب سے بڑا زمیندار اور سب سے اہم تجارتی، سیاسی اور مذہبی مرکز بن گیا۔ وادی دجلہ و فرات کے اکثر پرانے شہر اسی طرح وجود میں آئے۔ وہاں کے مندروں کے کاروبار کی وسعت کا اندازہ اس بات سے لگایا جاسکتا ہے کہ سومیر میں اب تک مٹی کی جتنی لوحیں کھدائی میں نکلی ہیں (ڈھائی لاکھ) ان میں سے ۹۵ فیصد مندروں کے حساب کتاب سے متعلق ہیں۔ فقط پانچ فیصد ایسی لوحیں ہیں جن پر گیت، دعائیں اور داستانیں تحریر کی گئی ہیں۔

وادی دجلہ و فرات کے تمام قابل ذکر شہر اور ان کے مضافات کسی نہ کسی دیوتا کی ملکیت ہوتے تھے۔ مثلاً اریدو میٹھے پانی کے دیوتا انکی کی ملکیت تھا۔ اریک سب سے بڑے دیوتا انو کی ملکیت تھا۔ نیفر ان لیل (ہوا کا دیوتا) کی ملکیت تھا۔ لگاش ان لیل کے بیٹے نن گرسو کی ملکیت تھا۔ اور ار چاند دیوتا ننا کی ملکیت تھا۔ انو، ان لیل، ان کی اور نن ہورسگ نے جب کالے بالوں والوں کی تشکیل کر لی تو ہریالی زمین سے پھوٹ نکلی۔ ان شہروں کے دیوتا کی ملکیت ہونے کے معنی در اصل دیوتا کے مندر یعنی پروہتوں کی ملکیت کے تھے۔ شہری زندگی کا مرکز اور محور یہی مندر تھے۔

شہر کی سب سے بڑی اور سب سے شاندار عمارت مندر ہی کی ہوتی تھی۔ مندر کے خزانے میں سونے چاندی اور قیمتی پتھروں کے علاوہ ضروریات زندگی کا وافر ذخیرہ جمع رہتا تھا۔ مثلاً اناج، روغنیات، شراب، کھجور، خشک مچھلی، اون، کھال، تارکول کے پیپے، نجور، آلات زراعت و صنعت اور بیج۔ ان سب چیزوں کا باقاعدہ حساب رکھا جاتا تھا اور ان کے الگ الگ شعبے قائم تھے۔ رقص و سرود کے مذہبی مناسک کی ادائیگی کی خاطر

دیو داسیاں مقرر تھیں۔ مندر کے باورچی خانے، لنگر خانے اور شراب کی بھٹیوں کی دیکھ بھال بھی دیو داسیوں ہی کے سپرد تھی۔

عراق کے قدیم شہر

علماء آثار کو عراق میں اب تک درجنوں قدیم شہروں کے سراغ مل چکے ہیں۔ ان میں بعض اہم شہر یہ ہیں۔ اریدو، (ابو شہرین) اُر، (مقیر) لارسا (سن کرہ) اریک (درکا) باد طبرا (تل المدائن) لگاش (تلو) امہ (جوخہ) راب (بسایا) نیفر، اکشاک، کیش (الاحمر) سیپر (ابوحبہ) شروپک (فارا) کرک (تل دلایہ) اور اسین (الجریات) عکاد کا سب سے بڑا شہر بابل تھا جو وادی دجلہ و فرات کی پہلی عظیم سلطنت کے صدر مقام کی حیثیت سے اقصائے عالم میں مشہور ہوا۔ اسور کے اہم شہر اشور، نینو اور نمرود (کالح) تھے۔

ان شہروں میں عام طور پر تین طبقے آباد تھے۔ سب سے اونچا طبقہ عمیلو کہلاتا تھا (شاید عامل اسی سے مشتق ہے) اس طبقے میں امراء، مندر کے پروہت اور نویسندے شامل تھے۔ نویسندوں کو نظم و نسق میں بڑا دخل تھا کیونکہ تحریر کا فن اس وقت تک بہت کم لوگوں کو آتا تھا۔ عدالتوں کے حاکم اور فوج کے افسر بھی عمیلو طبقے ہی سے تعلق رکھتے تھے۔

دوسرا طبقہ مشکینو کہلاتا تھا۔ یہی لفظ عربی زبان میں منتقل ہو کر مسکین بن گیا۔ اس طبقے میں بیوپاری، کاریگر اور دستکار شامل تھے۔ ان کو اسلحہ رکھنے کی ہدایت نہ تھی۔ اور نہ یہ لوگ فوج میں بھرتی ہو سکتے تھے۔

تیسرا طبقہ غلاموں کا تھا جن کے "حقوق و فرائض" پر ہم حمورابی کے قانون کے سلسلے میں تفصیل سے بحث کریں گے۔

گاؤں میں بھی تین طبقے تھے۔ اول شرفاء کا جن کا امتیازی نشان رتھ تھا۔ دوسرا طبقہ

مالیوں، چرواہوں اور سائیسوں کا تھا اور تیسرا کاشتکاروں اور کھیت مزدوروں کا۔ فوجی سپاہی عام طور پر اسی تیسرے طبقے سے بھرتی کئے جاتے تھے۔ زمین کا لگان جنس میں وصول کیا جاتا تھا۔ اس کے لئے ہر گاؤں میں پیدائش اور موت کا ایک رجسٹر ہوتا تھا۔ چنانچہ ۱۵ ویں صدی قبل مسیح کا ایسا ہی ایک رجسٹر ال عیلاخ کی کھدائی میں دستیاب ہوا ہے۔ اس رجسٹر میں ان سب دیہاتیوں کی تفصیلات درج ہیں جو شہر ال عیلاخ کے ماتحت تھے بعض رجسٹر ایسے بھی ہیں جن میں ہر گاؤں کے مکان کا نمبر شمار اور مالک مکان کا سماجی رتبہ اور پیشہ بھی درج ہے۔

سومیر کی زمین معدنیات سے خالی تھی۔ وہاں نہ تانبا ہوتا تھا نہ ٹن نہ سونا نہ چاندی حتی کہ کھجور کے علاوہ کوئی لکڑی بھی میسر نہ تھی مگر اہل سومیر کے پاس اناج کی افراط تھی اور اناج ایسا مال تھا جس کے عوض وہ ہر قسم کی دھات اور لکڑی دوسرے ملکوں سے درآمد کر سکتے تھے۔ چنانچہ تانبہ اناطولیہ اور آرمینا اور آذربائیجان سے، کانسہ عمان سے، ٹن ایران اور افغانستان سے، چاندی کوہ تاؤراس (اناطولیہ) سے، سونا ہاتھی دانت اور قیمتی لکڑی وادی سندھ سے اور دیودار کی لکڑی لبنان سے آتی تھی۔ اہل سومیر ان خام اشیا سے نہایت عمدہ قسم کی مصنوعات تیار کرتے تھے۔ اور پھر انہیں دوسرے ملکوں کے ہاتھ فروخت کر دیتے تھے۔ سومیر دراصل اپنے زمانے کا برطانیہ یا جاپان تھا۔

دراصل اشیا خام کی قلت کسی محنتی اور ہوشیار قوم کے لئے کبھی رکاوٹ نہیں بن سکتی۔ بلکہ حوصلہ اور ہمت کی آزمائش انہیں نامساعد حالات ہی میں ہوتی ہے۔ جن لوگوں کے قوی کمزور اور دل و دماغ ضعیف ہوتے ہیں وہ حالات کی سخت گیریوں اور جفاطلبیوں کے سامنے ہتھیار ڈال دیتے ہیں اور جمود کا شکار ہو جاتے ہیں۔ البتہ جو قومیں کارزار ہستی میں جہد اور جفاکشی کو اپنا شعار بناتی ہیں وہ ترقی کی دوڑ میں دوسرے پر سبقت لے جاتی

ہیں۔ سومیر ایسے ہی جیالوں کی بستی تھی۔ چنانچہ محل اور معبد کی سخت گیریاں بھی اہل سومیر کی تخلیقی اور صنعتی صلاحیتوں کو کچل نہ سکیں۔ اسی بنا پر پروفیسر وولی کو یہ اعتراف کرنا پڑا کہ "مقامی حالات ہی نے اہل سومیر کو مہذب بننے پر مجبور کر دیا۔ وہ برآمد کے لئے مصنوعات تیار کرتے تھے تاکہ اپنی ملکی ضروریات کے لئے خام مال حاصل کر سکیں۔ وہ دھاتوں کے سب سے اچھے کاریگر تھے۔ حالانکہ ان کے ملک میں دھاتیں ناپید تھیں۔"

سومیر کے شہر تجارتی اور صنعتی شہر تھے۔ ہر پیشے کی اپنی ایک برادری (گلڈ) ہوتی تھی اور اس برادری میں کوئی باہر والا داخل نہیں ہو سکتا تھا۔ پیشے آبائی ہوتے تھے۔ اور نسلا بعد نسل اولاد میں منتقل ہوتے رہتے تھے۔ اس لئے سونار کا بیٹا عام طور پر سونار اور بڑھئی کا بیٹا بڑھئی ہوتا تھا۔ بعض ایسے پیشے تھے جن کے لئے چھوٹی دکانیں یا کوٹھریاں بھی ہوتی تھیں۔ مثلاً ٹھٹھیرے یا درزی کا پیشہ لیکن بعض پیشوں کے لئے زیادہ جگہ درکار ہوتی ہے۔ مثلاً جلاہوں کا پیشہ، چنانچہ کپڑا بننے کے عام طور پر کارگاہوں میں کام کرتے تھے۔ اکثر و بیشتر کارگاہیں تو مندر کی ملکیت ہوتی تھیں لیکن بعض بیوپاریوں کی اپنی نجی کارگاہیں بھی تھیں۔ مندر کی کارگاہوں میں مردوں کے دوش بدوش عورتیں بھی کام کرتی تھیں۔ کاریگروں کو اجرت چاندی میں ادا کی جاتی تھی۔ گو اس وقت تک سکے ایجاد نہیں ہوئے تھے لیکن چاندی کا ایک خاص وزن جس پر ٹھپہ لگا ہوتا تھا بطور سکہ استعمال ہوتا تھا۔

وادی دجلہ و فرات کے قدیم باشندوں کے آلات اور اوزار عام طور پر کانسے کے ہوتے تھے۔ کانسہ تانبے لوہے یا سونے چاندی کی مانند کوئی منفرد دھات نہیں ہے بلکہ ٹن اور تانبے کا مرکب ہے۔ کانسے کی خوبی یہ ہے کہ وہ ٹن اور تانبے سے زیادہ سخت، مضبوط

اور پائیدار ہوتا ہے اور اس کا رنگ بھی جلدی خراب نہیں ہوتا۔ پھر کانسے کا نقطہ تحلیل (MELTING POINT) تانبے سے کم ہوتا ہے۔ مگر اس مرکب کی تیاری ایک کیمیاوی عمل ہے۔ اور جب تک تانبے اور ٹن کو آٹھ اور ایک کی نسبت سے پگھلا کر آپس میں ملایا نہ جائے کانسہ نہیں بن سکتا۔ کانسے کا استعمال اس بات کا ثبوت ہے کہ وادی کے لوگوں نے تجربے کر کے کانسہ بنانے کا کیمیاوی طریقہ معلوم کر لیا تھا۔ چنانچہ ان کے ہل، ہنسیئے، ہتھوڑے اور کدال، نیزے اور کٹار سب کانسے کے ہوتے تھے۔ اسی لئے وادی دجلہ و فرات کی تہذیب کو ہم کانسے کی تہذیب کہتے ہیں۔ بعد میں یہی کانسے کی تہذیب مصر، ایران، چین اور وادی سندھ میں بھی رائج ہوئی۔

عجیب بات ہے کہ لوہے کا زمانہ دنیا میں ساتویں یا چھٹیں صدی قبل مسیح میں شروع ہوا یعنی امن و جنگ کے اکثر آلات و اوزار لوہے کے بننے لگے لیکن ان کی ٹیکنک بدستور جاری رہی جو کانسے کے زمانے میں ایجاد ہوئی تھی۔ چنانچہ تین ہزار قبل مسیح سے اٹھارہویں صدی عیسوی تک یعنی تقریباً پانچ ہزار برس تک انسانی معاشرے نے تکنیکی اعتبار سے کوئی بنیادی ترقی نہیں کی۔ گو کانسے کی جگہ لوہے نے لے لی لیکن جو آلات و اوزار شروقین اور حمورابی کے زمانے میں استعمال ہوتے تھے وہی ۱۸ ویں صدی عیسوی تک استعمال ہوتے رہے۔ تب یورپ میں صنعتی انقلاب آیا اور انسانی معاشرہ ایک نئے تہذیبی دور میں داخل ہوا۔

سومیر اور بابل کے لوگ بین الاقوامی تجارت میں بڑے ماہر تھے۔ اس زمانے میں جب آئے دن حملے ہوتے رہتے تھے، راستے نہایت خطرناک تھے اور کوئی بین الاقوامی قانون یا ادارہ تاجروں کے جان اور مال کے تحفظ کی ضمانت کے لئے موجود نہ تھا دور دراز ملکوں کے ساتھ کاروبار کرنا بہت خطرناک تھا لیکن سومیر اور بابل کے بیوپاریوں نے ان

خطرات کی پرواہ نہ کی اور اناطولیہ، سندھ، کنعان، مصر اور ایران مختصر یہ کہ اس وقت کی پوری مہذب دنیا کا سفر کرتے رہے۔ خام مال کی خریداری اور مصنوعات کی فروخت ان کا بنیادی مقصد ہوتا تھا۔

دنیا کی اہم تجارتی منڈیوں میں ان کی نو آبادیاں قائم تھیں اور ان کے گماشتے خرید و فروخت کی نگرانی کرتے تھے۔ مثلاً شام میں ان کی مشہور نو آبادی قطنہ تھی۔ رفتہ رفتہ اس نو آبادی نے اتنا فروغ پایا کہ ڈھائی ہزار قبل مسیح میں وہاں اُر کے تاجروں نے اپنے ہم قوموں کی عبادت کے لئے اُر کی دیوی نن ایگل (NINE EGAL) کا مندر بھی تعمیر کر لیا۔ لکڑی کے تاجروں نے ایسی ہی ایک نو آبادی لبنان میں دریائے فرات کے کنارے ال عیلاخ (ALALAKH) کے مقام پر بسائی تھی۔ یہاں سے دیوار کی لکڑی دریا کی راہ سے بابا اور سومیر لائی جاتی تھی۔

اشور بابل اور سومیر کے فرماں رواؤں کو کبھی کبھی اپنے تاجروں کے معاشی مفاد کی خاطر فوجی مہمیں بھی بھیجنی پڑتی تھیں جس طرح حجاج بن یوسف نے محمد بن قاسم کو سندھ بھیجا یا ایسٹ انڈیا کمپنی کے عہد میں برطانوی فوجیں تجارتی منڈیوں کی حفاظت کی خاطر ہر جگہ دھاوے کیا کرتی تھیں۔

چنانچہ شروقین اول نے عکادی تاجروں کے تحفظ کی خاطر اپنا لشکر ایک بار اناطولیہ بھیجا تھا۔ اناطولیہ کی کھدائیوں میں کل تیپ اور بوگاز کوئی کے مقام پر شہر پناہ کے باہر عکادی اور سومیری تاجروں کی بستیوں کے بھی آثار ملے ہیں۔ ان کے محلے کو قروم کہتے تھے۔

اس قسم کے قروم وادی کے شہروں میں بھی ہوتے تھے جہاں بیرونی تاجر آکر قیام کرتے تھے چنانچہ اُر کے قروم اور مقبروں کی کھدائی میں موہن جوڈرو کے زمانے کی

سندھی مصنوعات بر آمد ہوئی ہیں۔ مثلاً بادشاہ میں گلم ڈگ (۲۷۵۰ ق۔م) کی قبر میں سونے کی ایک پن ملی ہے جس کے ایک سرے پر بندر بنا ہے اور پتھر کے کندہ شدہ مرتبان بھی نکلے ہیں جو کولی (بلوچستان) کے بنے ہوئے ہیں۔ ان کے علاوہ اُر اور دوسرے مقامات پر ۲۴ ویں صدی قبل مسیح کی بہ کثرت منقش اور مصور مہریں دستیاب ہوئی ہیں جو وادی سندھ کے تاجر اپنے ساتھ لے جاتے تھے۔ لیکن وادی سندھ سے تجارت اور آمد ورفت کا یہ سلسلہ سولہویں صدی قبل مسیح میں اچانک ختم ہوگیا۔ یہی وہ زمانہ ہے جب دجلہ وفرات کی وادی پر کسدیوں کا غلبہ ہوا تھا۔ غالباً اسی زمانے میں آریاؤں نے وادی سندھ کی تہذیب کو پامال کیا تھا۔ جس کے باعث وادی سندھ اور وادی فرات کے تجارت تعلقات منقطع ہوگئے تھے۔

وادی دجلہ وفرات کے لوگوں نے کانسہ، سونا، چاندی اور ادنی مصنوعات کے علاوہ فن تعمیر میں بھی بڑی ایجادیں کیں۔ حالانکہ ان کو نہ پتھر میسر تھا اور نہ ان کے ملک میں عمدہ لکڑی ہوتی تھی۔ جیسا کہ ہم لکھ چکے ہیں ابتدا میں ان کے جھونپڑے نرسل کی چٹائیوں ہی سے بنتے تھے۔ بلکہ جنوبی عراق میں دیہاتیوں کے گھر اب تک چٹائیوں ہی کے ہوتے ہیں۔ در اصل کھجور اور نرسل کو ان کی گھریلو زندگی میں وہی حیثیت حاصل ہے جو بانس اور ناریل کو مشرقی پاکستان میں حاصل ہے۔ جنوبی عراقیوں کا طریقہ خانہ سازی یہ ہے کہ وہ پہلے نرسل کی بہت سی شاخوں کو جوڑ کر ان کے گٹھے بناتے تھے۔ یہ گٹھے مخروطی ہوتے تھے۔ پھر دو گٹھوں کو آمنے سامنے زمین میں گاڑ کر ان کے مخروطی سروں کو آپس میں باندھ دیا جاتا ہے۔ اس کی وجہ سے کمان کی شکل محرابی ہو جاتی ہے۔ جتنی لمبی جھونپڑی بنانی ہو اسی لحاظ سے تھوڑے تھوڑے فاصلے پر کئی محرابی گٹھے گاڑ دیئے جاتے ہیں۔ پھر نرسل کے پتلے پتلے گٹھوں کو محرابی گٹھوں سے افقاً باندھ دیا جاتا ہے۔ اس

طرح ایک سرنگ نما ڈھانچہ تیار ہو جاتا ہے۔ تب اس ڈھانچے کو نرسل کی چٹائیو سے منڈھ دیتے ہیں۔

لندن کے برٹش میوزیم میں ہم نے پتھر کی ایک سل پر ایسے ہی ایک مکان کا نقش کندہ دیکھا۔ یہ نقش تقریباً چھ ہزار برس پرانا ہے۔ اس میں کئی جانور مکان کے دونوں سمت کھڑے ہیں۔

اہل عراق نے فن تعمیر میں جو کمال حاصل کیا اس کی نظیر مشکل سے ملے گی۔ مثلاً محراب، گنبد اور ستون جن کے سہارے متمدن دنیا نے اپنے قصر و ایوان تعمیر کئے۔ قدیم عراقیوں ہی کی ایجاد ہیں۔ اور لطف یہ ہے کہ ان سب کی بنیاد وہی نرسل کا جھونپڑا ہے جسے فن تعمیر کے اصول سے ناواقف خانہ بدوشوں نے ہزاروں سال پیشتر اپنا سر چھپانے کے لئے بنایا تھا۔ بات در اصل یہ ہے کہ نرسل کے گٹھوں، کھچیوں اور چٹائیوں کی قدرتی ساخت ہی ایسی ہوتی ہے کہ اس سے محراب، گنبد اور ستون خود بخود بن جاتے ہیں۔ نرسل کی کمانیوں کو جھکاؤ تو محراب بن جاتی ہے اور جھونپڑی محراب دار سرنگ کی شکل اختیار کر لیتی ہے۔ محرابی ہونے کی وجہ سے چھت پر پانی بھی نہیں ٹھہر سکتا۔ اس طرح ابتدا میں محراب کی ایجاد ہوئی۔

چنانچہ سب سے قدیم محرابیں عراق کے پرانے کھنڈروں ہی میں ملی ہیں۔ مثلاً شہر نیفر کی زمین دوز نالی کی محراب جو کچی اینٹوں سے بنی ہے۔ شہر اُر کے ایک شاہی مقبرے کا دروازہ بھی محرابی ہے۔ اس محراب کی جڑائی پکی اینٹوں سے ہوئی ہے۔ شہر لارسا کے ایک مکان میں بھی ایک محرابی دروازہ ملا ہے جو پکی اینٹوں سے بنا ہے اور اُر میں کسدی دور کے ایک معبد میں پندرہویں صدی قبل مسیح کی ایک پکی محراب موجود ہے اس محراب کی جڑائی رال سے ہوئی ہے۔

گنبد کی ایجاد کے محرک بھی عراق کے قدرتی حالات تھے۔ مکان بنانے کے لئے جس قسم کی لکڑی درکار ہوتی ہے دجلہ و فرات کی وادی اس سے خالی ہے۔ لامحالہ وہاں کے باشندوں کو چھت کی ساخت ایسی بنانی پڑی جس میں لکڑی بالکل استعمال نہ ہوتی ہو۔ اس کے علاوہ گنبد چونکہ اندر سے کھوکھلا اور اونچا ہوتا ہے اس لئے گنبد دار عمارت گرمیوں میں ٹھنڈی رہتی ہے اور دیکھنے میں بھی اچھی معلوم ہوتی ہے۔ ار کی کھدائی میں ۲۷ سو قبل مسیح ایک شاہی مقبرہ ملا ہے جس میں ایک گنبد اب تک صحیح سلامت ہے۔ غالباً یہ دنیا کا سب سے پرانا گنبد ہے۔ اس گنبد کو پتھر کے ٹکڑوں اور مٹی کے گارے سے بھرا گیا ہے۔ اسی طرح اُر کے زیگورات کی چھت پر ایک گنبد دار حوض ملا ہے۔ یہ گنبد سلطان ار نمو (۲۵۰ ۱اق۔م) نے بنوایا تھا۔ اس گنبد کی جڑائی اینٹوں سے ہوئی ہے۔

کچھ عرصے پہلے تک ماہرین آثار کا خیال تھا کہ وادی دجلہ و فرات کے قدیم باشندے ستون بنانا نہیں جانتے تھے۔ یہ خیال اتنا پختہ ہو گیا تھا کہ جب کسی ماہر آثار نے نیفر کے مقام پر پندرہویں صدی قبل مسیح کی ایک ایسی عمارت دریافت کی جس کے بڑے کمرے میں ستونوں کی دورویہ قطار کھڑی تھی تو علماء آثار نے اس کے دعوے کی تردید کر دی اور اس کا خوب خوب مذاق اڑایا۔ ان کی کتابوں میں یہی لکھا تھا کہ اس خطے میں ستونوں کا رواج تیسری صدی قبل مسیح میں یونانی فتوحات کے بعد شروع ہوا۔ حالانکہ جس ملک میں قدرت خود کھجور کے سڈول ستون فراہم کرتی ہو وہاں ستونوں کا استعمال حیرت انگیز بات نہیں۔

پھر ایسا ہوا کہ اسی قسم کے ستون مختلف مقامات پر برآمد ہونے لگے۔ مثلاً ارک میں تین ہزار قبل مسیح کے کئی بڑے بڑے ستون دریافت ہوئے۔ ان ستونوں کی موٹائی سات آٹھ فٹ تھی۔ یہ ستون کچی اینٹوں کے تھے اور ان پر کاشی کے نہایت خوبصورت

نقش و نگار بنے تھے۔ ایسے ہی کئی ستون کیش میں بھی بر آمد ہوئے اور پھر ایک وقت وہ آیا کہ العبید کے چھوٹے معبد میں کھجور کے تنوں کے قدرتی ستون پائے گئے۔ ان ستونوں پر تانبے کی چادر چڑھی ہوئی تھی۔ ان ستونوں کو بادشاہ آنی یاددا نے ۲۷ سو قبل مسیح میں بنوایا تھا۔ تب دنیا کو معلوم ہوا کہ ستون دراصل کھجور کے تنوں کی نقل ہیں اور ستون کا استعمال سب سے پہلے عراق ہی میں ہوا تھا نہ کہ یونان میں۔

جس قوم نے گنبد، محراب اور ستون ایجاد کئے اس کے لئے شاہی محلات اور عالیشان عمارتیں بنانا دشوار نہ تھا۔ چنانچہ ماری، خورسا آباد اور بابل کے شاہی محلوں کے کھنڈر ان کی ہنرمندی کے شاہد ہیں۔ مگر ان کا سب سے حیرت انگیز اور یادگار تعمیری کارنامہ زیگورات ہیں۔ اس تعمیری کارنامے پر ہم مینار بابل کے ضمن میں مفصل بحث کریں گے۔

شہری ریاستیں

اپنی تہذیبی وحدت کے باوجود وادی دجلہ و فرات کا خطہ بہت سی شہری ریاستوں میں بٹا ہوا تھا ان میں بعض چھوٹی تھیں اور بعض بڑی۔ مثلاً لگاش کی ریاست کا رقبہ فقط ۱۸ سو مربع میل تھا۔ اور آبادی ۳۰ ہزار سے زیادہ نہ تھی۔ اس کے برعکس ایرک اور اُر کی شہری ریاستیں اپنے عہد عروج میں پورے سومیر پر حاوی تھیں۔ ہر شہری ریاست ایک مرکزی شہر اور گردونواح کے دیہات اور قصبوں پر مشتمل تھی۔

شہری ریاست اہل سومیر کی بڑی تاریخی اور عہد آفریں ایجاد ہے۔ یہ شہری ریاستیں تقریباً تین ہزار قبل مسیح میں وجود میں آئیں جبکہ یونانی تہذیب کا کہیں نام و نشان تک نہ تھا۔ اس کے باوجود مغربی مورخ اب تک یہی دعوی کرتے ہیں کہ شہری ریاست کا تصور دنیا کو اہل یونان نے عطا کیا ہے۔ حالانکہ شہری ریاستیں سومیر میں یونان سے ۲ ہزار

قبل قائم ہو چکی تھی۔ یہی وہ سیاسی ادارہ تھا جس نے آگے چل کر ریاست اور سلطنت کی شکل اختیار کر لی۔

شہری ریاست کے قیام کے متعدد عوامل اور محرکات تھے۔ اول شہری مندر کی مرکزیت۔ دوم سومیری سماج میں طبقات کا پیدا ہو جانا۔ سوئم شہروں کی باہمی رقابتیں اور دشمنیاں اور چہارم سومیر میں نہروں کا نظام۔

ہم اوپر بیان کر چکے ہیں کہ سومیر کے مندر کس طرح آہستہ آہستہ اپنے علاقے کے سب سے دولت مند اور بااثر ادارے بن گئے۔ یہ مندر اپنے قرب وجوار کے سب سے بڑے زمیندار اور سب سے بڑے بیوپاری ہوتے تھے۔ اس لئے مندر کا اور مندر کے ساتھ شہر کا فروغ خود اس بات کی علامت ہے کہ سماج کی "یک حجری وحدت" یا اکائی ختم ہو چکی تھی۔ اب وہاں دیہات کے اس پنچایتی نظام کی گنجائش باقی نہیں تھی جس میں آراضیان اور ذرائع آفرینی کے دیگر ذرائع لوگوں کی مشترکہ ملکیت ہوتے تھے اور ان کی ضروریات پوری کرنا سب کا مشترکہ فرض ہوتا تھا۔

اب معاشرے کا طبقاتی دور شروع ہو چکا تھا۔ ایک طرف کاشتکاروں، کاریگروں اور غلاموں کا طبقہ تھا اور دوسری طرف پروہتوں، بیوپاریوں اور زمینداروں کا طبقہ۔ ان دونوں طبقوں کے مفاد آپس میں ٹکراتے تھے۔ کیونکہ ان کے رشتے کی نوعیت حاکم اور محکوم کی ہو گئی تھی۔ حاکم طبقے کی کوشش یہ ہوتی تھی کہ پیداوار کے زیادہ سے زیادہ حصے پر قابض ہو جائیں اور محکوم طبقوں کی کوشش یہ ہوتی تھی کہ جو دولت انہوں نے خون پسینہ ایک کر کے پیدا کی ہے اس کو اپنے تصرف میں لائیں۔

ظاہر ہے کہ ان طبقاتی رشتوں کو برقرار رکھنے اور مستحکم کرنے کے لئے طاقت درکار تھی۔ یہ طاقت دو قسم کی تھی ایک ذہنی اور روحانی طاقت دوسرے فوجی طاقت۔

روحانی اور ذہنی طاقت کا سرچشمہ مندر تھا۔ چنانچہ پروہت حضرات ایسی ایسی دعائیں، گیت، روایتیں اور داستانیں وضع کرتے رہتے تھے۔ جن سے عقیدت مندوں کو یقین آجائے کہ دیوتاؤں نے انہیں پیدا ہی اس لئے کیا ہے کہ وہ دن رات ان کی خدمت کرتے رہیں۔ اور جو کام ان کے سپرد کیا جائے اسے پوری تن دہی اور دیانتداری سے سرانجام دیتے رہیں۔ دھن دولت کا لالچ نہ کریں کیونکہ یہ دنیا چند روزہ ہے بلکہ جو کچھ پیدا کریں اس دیوتا کی امانت سمجھ کر مندر کے حوالے کردیں۔ اسی روحانی تعلیم کا کرشمہ ہے کہ سومیر کی شہری ریاستیں دیوتا ہی کی ملکیت سمجھی جاتی تھیں۔ ابتدا کے جمہوری زمانے میں بھی اور اس زمانے میں بھی جبکہ یہ شہری ریاستیں موروثی بادشاہوں میں تبدیل ہوگئی تھیں۔

چنانچہ سومیر کا ہر بادشاہ خواہ کتنا ہی طاقتور کیوں نہ ہوتا، اپنے آپ کو دیوتا کا نائب اور خادم ہی خیال کرتا تھا۔ بادشاہوں کی رسم تاجپوشی مندروں ہی میں ادا کی جاتی تھی اور ان کی ہمیشہ یہی کوشش ہوتی تھی کہ مندر سے تعلقات خوشگوار رہیں۔ مال غنیمت میں جو زروجواہر اور غلام ہاتھ آتے تھے ان کا بڑا حصہ مندر کو بطور نذر پیش کردیا جاتا تھا۔ رفتہ رفتہ مندروں کے خزانے اتنے وافر ہوگئے کہ بعض اوقات بادشاہ مہم پر جانے سے پہلے مندروں سے جنگی قرضے حاصل کرتے تھے۔ لیکن عوام کو مطیع و فرماں بردار بنانے کے لئے مندر کی روحانی طاقت کافی نہ تھی بلکہ فوج کی مادی قوت بھی درکار ہوتی تھی۔ اس کے علاوہ سومیر کے شہر برابر آپس میں لڑتے رہتے تھے۔ کبھی سرحدی کھیتوں کی ملکیت پر تلواریں کھنچتی تھیں۔ کبھی نہری پانی پر خون خرابہ ہوتا تھا۔ کبھی مندروں کی اندوخت دولت پیکار کا باعث بنتی تھی۔ کبھی مال غنیمت کی خواہش مہم جوئی پر اکساتی تھی اور کبھی غلاموں کی ضرورت ہمسایہ خطوں پر حملہ کرنے کا تقاضا کرتی تھی۔

ایسی ہی ایک جنگ ۲۵۵۰ ق۔م میں سومیر کی دو ہمسایہ ریاستوں لگاش اور امہ کے درمیان ہوئی۔ نزاع کا سبب ایک سرحدی اراضی تھی جس کا نام گوعدین تھا۔ عدین سومیری زبان میں چراگاہ کو کہتے ہیں۔ باغ عدن کا تصور غالباً یہیں سے آیا ہے۔ کیونکہ انجیل کے مطابق باغ عدن دجلہ و فرات کی وادی ہی میں واقع تھا۔ گوعدین دراصل لگاش کی ملکیت تھی امہ کے انیسی (بادشادہ) نے اپنے دیوتا کے حکم سے دھاوا کیا اور گوعدین کو ہضم کر لیا۔ نہری زمین کو۔ نن گرسو کی دل پسند زمین کو۔ اس نے سرحد کا پتھر بھی اکھاڑ کر پھینک دیا اور لگاش میں داخل ہو گیا۔ لگاش کی فوج نے جو "نیزوں اور بھاری ڈھالوں سے مسلح تھی" امہ کی فوج کا مقابلہ کیا اور حملہ آوروں کو شکست دے دی۔

"ان لیل کے حکم سے بادشاہ اناتوم نے اپنا جال ان پر پھینکا اور میدان کارزار ان کی لاشوں سے بھر گیا۔ جو بچ رہے اپنی جان بچانے کی خاطر انا قوم کے روبرو زمین پر لیٹ گئے اور زار و قطار روئے۔"

اس واقعے کی یادگار وہ منقوش پتھر ہے جس میں گدھ لاشوں کو کھاتے ہوئے دکھائے گئے ہیں۔

مگر شہری ریاستوں کے قیام کا بنیادی سبب اور تعین حدود کا اصل محرک سومیر کا نہری نظام تھا۔ یہ شہری ریاستیں دراصل نہروں کی وجہ سے قائم ہوئیں نہر میں جو اہل سومیر کی معاشرتی زندگی کی شہ رگ تھیں ان نہروں کی بدولت وہ لوگ اتنا غلہ پیدا کر لیتے تھے کہ سال بھر آرام سے کھاتے۔ اور فاضل پیداوار سے برآمدی تجارت کی ضرورتیں پوری کرتے تھے۔

نہروں کی اہمیت کا اندازہ اس بات سے لگایا جا سکتا ہے کہ سومیری بادشاہ جنگی فتوحات کی مانند نئی نہر نکالنے پر بہت فخر کرتے تھے۔ اور تھا بھی یہ بہت عظیم کارنامہ۔

کیونکہ کسی زرعی ملک میں جہاں بارش بہت کم ہوتی ہو زندگی کا انحصار نہروں پر ہی ہوتا ہے یہی وجہ ہے کہ وادی دجلہ و فرات میں اسی فرماں روا کو کامیابی اور مقبولیت نصیب ہوئی جس نے نہروں کی تعمیر اور مرمت کو اپنا فرض سمجھا اور جس نے نہروں کی طرف سے غفلت برتی وہ ناکام ہو گیا۔ چنانچہ سومیری عہد کے کئی یادگاری پتھر ملے ہیں جن پر نہروں کی کھدائی کا منظر کندہ ہے اور بادشاہ سر پر مٹی کا ٹوکرا اٹھائے اس قومی کام میں شریک ہے۔

نہروں کی تعمیر، مرمت اور نگرانی آسان کام نہیں ہے۔ اس کے لئے مزدوروں کاریگروں اور انجینئروں کی پوری فوج درکار ہوتی ہے۔ نہر کا کھودنا۔ نہر کے بند کی مرمت کرنا، نہر کی وقتاً فوقتاً صفائی کرنا تاکہ تہہ میں مٹی جمنے کی وجہ سے نہر پایاب نہ ہو جائے۔ پانی کی مقدار اور مناسب تقسیم کی نگرانی کرنا اور پھر مصارف کا حساب کتاب رکھنا تاکہ آبیانے کی وصولی میں سہولت ہو، غرض کہ نہروں کو خوش اسلوبی سے چلانے کے لئے بہت بڑی تنظیم کی ضرورت پڑتی ہے۔ ظاہر ہے سومیر کے دس پانچ گاؤں آپس میں مل کر بھی ان ذمہ داریوں سے عہد برا نہیں ہو سکتے تھے۔ یہ کام تو گاؤں سے بڑی طاقت ہی سر انجام دے سکتی ہے۔ شہری ریاستیں اسی وجہ سے قائم ہوئیں۔ چنانچہ سر لیونارڈ وولی لکھتا ہے،

"ملک اور دریا (فرات) کی نوعیت ہی ایسی تھی کہ ایک مخصوص علاقے میں جس کا رقبہ نہروں کے نظام سے متعین ہوتا تھا۔ باشندے ایک مشترکہ سیاسی وحدت کی شکل اختیار کرنے پر مجبور ہو گئے۔ ان نہروں کی منصوبہ بندی اور نگہداشت کا تقاضا یہی تھا کہ کوئی علاقائی طاقت اس کام کی دیکھ بھال کرے۔ اور یہ علاقائی طاقت تمام اختیارات کی مالک ہو۔ حالات کی منطق ہی نے دریائے فرات کے ڈیلٹا کو نہروں سے سیراب ہونے

والی ایسی زرعی وحدتوں میں تقسیم کر دیا جن کے نظم و نسق کے اپنے اپنے مرکز ہوتے تھے۔ چنانچہ شہری ریاستوں کی ترقی کا سبب سومیریوں کی مخصوص ذہنیت نہ تھی بلکہ سومیر کا طبعی کردار تھا۔" (صفحہ ۴۱۹)

ابتدا میں شہری ریاستیں جمہوری بنیادوں پر قائم ہوتی تھیں۔ ہر شہری ریاست کے نظم و نسق کے لئے ایک مجلس شوری ہوتی تھی لیکن اس مجلس شوری میں فقط عمائدین شہر شریک ہو سکتے تھے۔ نہروں اور تجارتی راستوں کی نگرانی کرنا، ریاست کے اندر امن و امان قائم رکھنا۔ شہریوں کے باہمی اختلافات اور مقدمات کا تصفیہ کرنا مجلس شوری کے فرائض میں داخل تھا۔ مجلس شوری کے علاوہ روز مرہ کے کاموں کے لئے بزرگان شہر کی ایک مجلس اعلیٰ ہوتی تھی۔ ان دونوں ایوانوں میں فیصلے کثرت رائے کی بجائے اتفاق رائے سے ہوتے تھے۔

یہ محدود جمہوریت زیادہ دن نہ چل سکی۔ دولت اور دولت آفرینی کے ذرائع جب چند ہاتھوں میں سمٹنے لگے تو جمہوری نظام کی بنیاد کمزور ہو گئی۔ شہری ریاستوں کی باہمی آویزشوں نے بھی شخصی حکومت کے قیام میں مدد دی۔ کیونکہ جنگ کے موقع پر تمام اختیارات لامحالہ سپہ سالار فوج کے سپرد کرنے پڑتے تھے۔ سومیری زبان میں اس شخص کو لوگل یعنی "بڑا آدمی" کہتے تھے۔ ابتدا میں لوگل کا عہدہ "باندہ" یعنی عارضی ہوتا تھا اور جنگ کے ہنگامی حالات گزر جانے پر تمام اختیارات مجلس شوری کو منتقل ہو جاتے تھے مگر ہنگامی حالات کے اختتام کا فیصلہ لوگل باندہ ہی کرتا تھا۔ چنانچہ یہ ہنگامی حالات رفتہ رفتہ عارضی سے مستقل ہونے لگے۔ کیونکہ لوگل باندہ کا فائدہ اسی میں تھا اور بالآخر یہی لوگل باندہ بادشاہ بن گئے لیکن شخصی حکومتیں قائم ہونے کے بہت دن بعد تک مجلس شوری کا نظام قائم رہا اور قیاس یہی کہتا ہے کہ بادشاہ کے لئے مجلس شوری کے فیصلوں کی خلاف

ورزی کرنا آسان نہ ہوتا ہو گا۔ چنانچہ گل گامش کی داستان میں گل گامش کے اس طرز عمل کی مذمت کی گئی ہے کہ وہ مجلس شوری کو خاطر میں نہیں لاتا۔

"گل گامش ایوان شوری میں زبردستی گھس آیا ہے۔ حالانکہ یہ عمارت شہریوں کی ملکیت ہے۔"

بعض دستاویزوں سے یہ بھی اندازہ ہوتا ہے کہ ابتدا میں مندر کا پروہت بادشاہ کے فرائض بھی انجام دیتا تھا۔ یہ مہاپروہت سنگا یا ہسنگو کہلاتا تھا اور اس کے نائب یا وزیر کا لقب نوباندہ تھا۔ سنگا جو لگل (بادشاہ) بھی تھا۔ مندر ہی کے احاطے میں رہتا تھا۔ مگر ایسا معلوم ہوتا ہے کہ کچھ عرصے بعد لوگل اور سنگاک عہدے الگ الگ ہو گئے۔ سنگا نے مندر اور اس کی املاک کا نظم و نسق سنبھال لیا اور لوگل نے شہری ریاست کے نظم و نسق کی ذمہ داریاں قبول کر لیں۔ لوگل اپنے خاندان کے ساتھ مندر سے الگ ایک محل میں رہتا تھا۔ اس عمارت کو ایگل (بیت عظیم) کہتے تھے۔ چنانچہ کیش اور اریدو میں ایسے محل بر آمد ہوئے ہیں جن کے گرد موٹی موٹی چہار دیواریاں کھنچی ہیں۔

بادشاہ ریاستی فوج کا سپہ سالار، عدالت عالیہ کا سربراہ اور پروہتوں کا نگران اعلیٰ ہوتا تھا۔ مندر کی عمارت کی مرمت اس کا سب سے مقدس فریضہ سمجھا جاتا تھا۔ چنانچہ سومیر، عکاد، اور اسور کے ایسی لاتعداد تحریریں اور منقوش مناظر بر آمد ہوئے ہیں جن سے پتہ چلتا ہے کہ بادشاہ مندر کی عمارتوں کی تعمیر اور مرمت کے کاموں میں برابر شریک ہوتے تھے۔ اور مندر کی آرائش و زیبائش میں اضافہ کرنا اپنے لئے باعث برکت و افتخار سمجھتے تھے۔ اس طریقہ کار کی سیاسی مصلحت اندیشیاں بالکل واضح ہیں۔

عراق کے قدیم مورخہ اپنے ملک کی تاریخ کو دو ادوار میں تقسیم کرتے ہیں۔ ان کے بیان کے مطابق پہلا دور سیلاب عظیم پر ختم ہوا اور دوسرا دور سیلاب عظیم کے بعد

شروع ہوا۔ یہ وہی سیلاب عظیم ہے جو ساری روایتوں میں منتقل ہو کر طوفان نوح بن گیا۔ خوش قسمتی سے عراق کی کھدائی میں لوحوں پر کندہ کی ہوئی ایک "فہرست شاہان" ملی ہے۔ یہ فہرست اریک کے فرماں روا تو ہیگل (۲۱۲۰۔ ۲۱۱۴ق۔م) نے مرتب کروائی تھی۔ اس نوشتے میں سومیر میں پرانی داستانوں اور روایتوں کے علاوہ سورماؤں اور بادشاہوں کے حقیقی اور افسانوی کارنامے سن وار درج ہیں۔

فہرست شاہان کے مطابق "آسمان سے پہلی بادشاہت شہر اریدو میں اتاری گئی۔" اس حقیقت کے پیش نظر کہ اریدو اہل سومیر کی سب سے پرانی بستی ہے۔

فہرست نویس کا بیان حیرت انگریز حد تک درست نظر آتا ہے۔ البتہ اس نے اریدو کی بادشاہت کی مدت میں بڑے مبالغہ سے کام لیا ہے۔ اس کا دعوی ہے کہ یہ بادشاہت ۶۴ ہزار ۸ سو برس قبل قائم رہی۔ اوراس طویل عرصے میں فقط دو بادشاہوں نے حکومت کی۔ پھر کسی نامعلوم سبب کی بنا پر آسمان کی بادشاہت بادطبرا میں منتقل ہو گئی وہاں تین بادشاہوں نے ایک لاکھ ۸ ہزار برس حکومت کی۔

"میں اس موضوع کو ترک کرتا ہوں کیوں کہ بادشاہت لرک منتقل ہو گئی اور وہاں ایک بادشاہ نے ۲۸ ہزار ۸ سو سال حکومت کی۔ میں اس موضوع کو ترک کرتا ہوں کیونکہ بادشاہت سیپر میں منتقل ہو گئی۔ اور وہاں ایک بادشاہ نے اکیس ہزار برس حکومت کی۔ میں اس موضوع کو ترک کرتا ہوں کیوں کہ بادشاہت شروپک میں منتقل ہو گئی۔ جہاں ایک بادشاہ ادبار توتو نے ۱۸ ہزار چھ سو برس حکومت کی۔ یہ پانچ شہر ہیں جہاں آٹھ بادشاہوں نے ۲ لاکھ ۴۱ ہزار برس حکومت کی۔ اور تب زمین پر سیلاب آگیا۔"

فہرست شاہان کی روایت کے مطابق سیلاب کے بعد بادشاہت دوبارہ "آسمان کے نیچے اتاری گئی" لیکن اب کے شہر کیش میں جو سومیر کی شمالی سرحد پر واقع تھا کیش میں ۲۳

بادشاہ ہوئے جنہوں نے ساڑھے ۲۴ ہزار برس حکومت کی۔ فہرست شاہان میں ان بادشاہوں کے نام درج ہیں۔ مگر بارہ کے نام یا لقب سامی ہیں۔ مثلاً کلبون (کتا) قلومو (بھیڑ) زو قاقیق (بچھو) چھ نام سومیری ہیں اور چار کسی نامعلوم زبان کے ہیں تب فہرست شاہان کے مطابق "کیش کو جنگی اسلحوں نے کاٹ کھایا" اور بادشاہت ایانا (اریک کا مقدس معبد) منتقل کر دی گئی۔"

اریک کا پہلا بادشاہ میس کیاگ گاشر خداوند اتو (سورج) کا بیٹا تھا۔ وہ مندر کا مہا پروہت بھی تھا۔ اس نے ۳۲۴ برس حکومت کی، تب اس کا بیٹا ان میکر بادشاہ ہوا۔ "وہ جس نے اریک کی تعمیر کی" ان میکر نے ۴۲۰ برس حکومت کی۔ تب لوگل باندہ بادشاہ ہوا۔ جو گدڑیا تھا۔ اس نے ۱۲ سو سال حکومت کی چوتھا بادشاہ رموزی تھا اور پانچواں بادشاہ گل گامش تھا جس کے رزمیہ کارنامے بہت مشہور ہوئے۔ گل گامش کلاب (اریک کی ایک مضافاتی بستی) کے ایک پروہت کا لڑکا تھا۔ اس نے ۱۲۶ برس حکومت کی۔ گل گامش کے بعد اریک میں سات اور بادشاہ ہوئے مگر ان کی بادشاہت کی عمریں طبعی تھیں۔ چنانچہ کسی نے تیس سال حکومت کی۔ کسی نے ۳۶ سال اور کسی نے فقط چھ سال۔ تب بادشاہت اُر میں منتقل ہو گئی جہاں چار بادشاہوں نے ۱۷۷ سال حکومت کی۔

اس فہرست میں لکھا ہے کہ کیش کا آخری بادشاہ اکا تھا اور اس کو اریک کے پہلے بادشاہ نے شکست دی تھی۔ مگر عراق کی دوسری پرانی لوحوں سے یہ بات اب پایہ تحقیق کو پہنچ گئی ہے کہ اکا کو اریک کے پہلے بادشاہ نے شکست نہیں دی تھی۔ بلکہ پانچویں بادشاہ گل گامش نے شکست دی تھی۔ یہاں پہنچ کر ہم عراق کے تاریخی دور میں داخل ہو جاتے ہیں۔

***

اردو رسم الخط کی اصلاح

جناب ڈاکٹر مولوی عبد الحق صاحب کا ایک مضمون اردو کے رسم الخط کے بارے میں اخبار "امروز" مورخہ ۳۰ مئی میں نظر سے گزرا۔ اس مضمون میں محترم مولوی صاحب نے میاں افضل حسین صاحب وائس چانسلر پنجاب یونیورسٹی کی اس تجویز کی مخالفت کی ہے کہ اردو کے مروجہ رسم الخط کو ترک کر کے رومن رسم الخط اختیار کیا جائے۔ محترم مولوی صاحب کا دعوی ہے کہ اردو رسم الخط "خط تاریخ میں آخری ارتقائی صورت ہے۔" یہ رسم الخط رومن رسم الخط سے "زیادہ ترقی یافتہ اور مہذب" ہے۔ اور "جو حضرات ہمیں اسے ترک کر کے رومن حروف اختیار کرنے کا مشورہ دیتے ہیں، وہ گویا ہمیں ترقی سے نکال کر تنزل کی طرف لے جانا چاہتے ہیں اور تہذیب سے رجعت کر کے بربریت کی طرف لے جانے کی ترغیب دیتے ہیں۔"

مولوی صاحب قبلہ نے ابتدا میں فن تحریر کی مختصر تاریخ بیان کی ہے اور اس سے یہ نتیجہ اخذ کیا ہے کہ تحریر کے ارتقا میں انسان کا رجحان اختصار کی طرف رہا ہے اور اس نے ہمیشہ یہ کوشش کی ہے کہ اپنے خیالات، جذبات اور تجربات کو تحریر کے ذریعہ دوسروں تک پہنچانے کے لئے جو علامتیں استعمال کی جائیں وہ مختصر ہوں اور جگہ کم لیں۔ ان کے خیال میں رومن رسم الخط اختصار نویسی کی ایک خاص منزل پر پہنچ کر رک گیا۔ چنانچہ رومن رسم الخط میں (ہاتھ سے لکھتے وقت) حروف کو ایک دوسرے سے ملایا تو جاتا

ہے لیکن اس طرح کہ حروف اپنی پوری شکل بر قرار رکھتے ہیں۔ "ہم نے اس پر قناعت نہیں کی۔ ہم نے اختصار کے عمل کو اور بڑھایا۔۔ ہم نے ان مختصر علامتوں یعنی حروف کو اور مختصر کیا اوران کے جوڑ سے لفظ بنائے۔"

مولوی صاحب کی رائے میں رومن رسم الخط نہایت ناقص اور ناکافی ہے کیونکہ،

(۱) رومن ابجد کے حروف سے ہماری تمام آوازیں ادا نہیں ہوتیں۔

(۲) رومن ابجد بے قاعدہ ہے۔

(۳) رومن ابجد میں مرکب حروف سے بعض اوقات ایک آواز کا کام لیا جاتا ہے جو معیوب بات ہے۔ اردو رسم خط کے حق میں مولوی صاحب نے اختصار نویسی کے علاوہ یہ دلیل بھی دی ہے کہ "علاوہ اس کے رسم خط زبان کا جز ہو جاتا ہے۔ وہ محض صوتی علامات پر مشتمل نہیں ہوتا بلکہ اس سے جملوں کی ترتیب و تزئین میں بھی مدد ملتی ہے۔ ہمارا یہ رسم خط ابتدا سے جب اردو زبان وجود میں آئی اس کے ساتھ ہے۔"

آخر میں مولانا نے ارشاد فرمایا ہے کہ اردو رسم خط کی جگہ رومن رسم خط رائج کرنے سے ہمارا وہی حشر ہو گا جو ترکوں کا ہوا۔ ہماری آنے والی نسلیں عربی، فارسی اور اردو کے عظیم سرمائے سے محروم ہو جائیں گی۔

اردو رسم خط میں تبدیلی اور اصلاح کا مسئلہ نیا نہیں ہے اور نہ رومن رسم خط کی تجویز کے پہلے محرک میاں افضل حسین ہیں۔ حقیقت یہ ہے کہ یہ باتیں اس سے پیشتر بھی کئی بار اٹھ چکی ہیں۔ ایک زمانے میں خود انجمن ترقی اردو نے رسم خط کی اصلاح کی طرف توجہ کی تھی اور چند تجویزیں بھی منظور کی تھیں۔ ان میں سے بعض تجویزیں تو ایسی تھیں کہ ہماری مختصر نویسی جسے ہم اردو کا طرہ امتیاز سمجھتے ہیں، خطرے میں پڑ جاتی اور عربی کے بعض ہم آواز حروف کا استعمال ختم ہو جاتا۔ مگر اس سے میں آگے چل کر تفصیل سے

بحث کروں گا۔ اسی طرح رومن رسم خط کی حمایت میں بھی اب تک بہت کچھ لکھا جا چکا ہے۔

انجیل اور عیسائیوں کی دوسری مذہبی کتابیں مدت سے رومن رسم خط میں چھپتی ہیں۔ انگریزوں کے زمانے میں فوجیوں کو ہندوستانی زبان رومن رسم خط میں پڑھائی جاتی تھی۔ ۱۸۷۹ء میں لاہور سے ایک ماہنامہ "رومن اردو جرنل" نکلا کرتا تھا اور اس کے سر ورق پر عبارت لکھی ہوتی تھی۔ "مشرقی زبانوں کی تحریر رومن حروف میں مروج کرنے کے لئے۔" (رسالہ ادبی دنیا اکتوبر ۱۹۳۷) رومن رسم خط کی حمایت فقط مغرب پرستوں کی جانب سے نہیں ہوئی ہے۔ بلکہ انجمن ترقی اردو کے سرکاری ترجمان رسالہ اردو میں بھی رومن رسم خط کی موافقت میں لکھا جا چکا ہے۔ چنانچہ رسالہ اردو جنوری ۱۹۴۴ء میں مولوی حیات اللہ انصاری فرنگی محلی کا ایک مختصر مضمون رومن رسم خط کے متعلق چھپا تھا۔ مولوی حیات اللہ انصاری صاحب فرماتے ہیں،

"رومن رسم الخط سے ایک طرح کا فائدہ ہی پہنچے گا۔"

مگر اردو رسم خط کی اچھائیوں اور برائیوں سے بحث کرنے سے پیشتر زبان اور رسم الخط کے تعلق کو واضح کر دینا ضروری ہے۔ اس ضمن میں پہلی بات یہ ہے کہ رسم خط یا تحریر کسی زبان کا جزو لاینفک نہیں ہے۔ تحریر اظہار خیال کی ایک ایسی علامت ہے جسے انسان نے بولنے کے لاکھوں سال بعد ایجاد اور اختیار کیا۔ درمیان کے اس طویل وقفہ میں بھی جب تحریر اور رسم خط کا کوئی وجود نہ تھا اور نہ حروف ابجد بنے تھے، زبانوں میں تبدیلیاں ہوتی رہیں۔ تحریر کے فن کی عمر مشکل سے چھ ہزار برس ہے۔ اس فن کے موجد اہل سومیر تھے۔ جو اب سے تین ہزار قبل مسیح جنوبی عراق میں رہتے تھے۔ یہ لوگ سامی نسل سے تعلق نہیں رکھتے تھے۔

دوسری بات یہ ہے کہ آج بھی دنیا میں۔۔۔ بالخصوص ایشیا اور افریقہ میں۔۔۔ کروڑوں انسان ایسے موجود ہیں جو فن تحریر سے ناواقف ہیں لیکن اپنے خیالات کو زبان کے ذریعے دوسروں تک پہنچا دیتے ہیں۔ وہ کوئی رسم خط نہیں جانتے۔ نہ رومن نہ دیوناگری اور نہ عربی۔ مگر وہ اپنی زبانوں میں بات چیت کرتے ہیں۔ گیت گاتے ہیں۔ شعر کہتے ہیں۔ عشق کرتے ہیں اور عبادت کے فرائض بھی انجام دیتے ہیں۔ افراد ہی نہیں بہت سی ایسی قومیں بھی ملیں گی جن کو سرے سے خبر ہی نہیں کہ لکھنا پڑھنا ہے کیا۔ دنیا میں ایسی کوئی قوم، ایسا کوئی انسان یا گروہ موجود نہیں جس کی اپنی زبان نہ ہو۔ البتہ ایسے لوگ اب بھی بہ کثرت موجود ہیں جو تحریر کی علامتوں سے آگاہ نہیں۔ بچوں کو لیجیے، وہ بھی تحریری علامتوں کو پہچاننے سے قبل بولنا سیکھ چکے ہوتے ہیں۔

زبان اور رسم خط کے ارتقا کی منزلیں بھی ضروری نہیں کہ ایک ہی ہوں۔ کبھی ایسا ہوتا ہے کہ زبان میں تبدیلیاں ہوئیں مگر رسم خط متغیر نہ ہوا۔ کبھی رسم خط میں تغیرات پیدا ہوئے مگر زبان میں تبدیلی نہ ہوئی۔ مثلاً عربی زبان میں ظہور اسلام سے لے کر اٹھارہویں صدی تک بہت کم تبدیلی ہوئی ہے۔ لیکن عربی زبان کے رسم الخط میں بڑی تبدیلیاں ہوئی ہیں۔ عربی رسم الخط ابتدا میں کوفی تھا جس کی بنیاد بناطی رسم الخط پر قائم تھی۔ عربوں میں یہ رسم الخط ظہور اسلام سے تین سو برس بعد تک رائج رہا۔ قرآن شریف اول اول اسی رسم الخط میں جو اسلام سے پہلے عرب میں رائج تھا، لکھا گیا۔ یروشلم میں خلیفہ عبدالملک کی تعمیر کردہ مسجد میں جو کتبے ہیں، وہ بھی اسی قدیم رسم خط میں ہیں۔ اسوان کے علاقے میں جو سکے اس دور کے برآمد ہوئے ہیں وہ بھی اسی تحریر میں ہیں۔ خط نسخ دسویں گیارہویں صدی عیسوی میں اور خط نستعلیق تیرہویں صدی میں مکمل ہوئے۔ خط کوفی اور خط نسخ میں اتنا فرق ہے کہ آج عربی کا بڑے سے بڑا عالم بھی قرآن شریف کو

خط کوفی میں نہیں پڑھ سکتا۔ اس کے برعکس اردو زبان کو لیجئے کہ اس زبان میں پچھلے پانچ سو برس میں کافی تبدیلیاں آئی ہیں۔ اتنی تبدیلیاں کہ ہمارے اچھے خاصے ادیب بھی دکن کی قدیم مثنویوں اور جائسی کی پدماوت کو فرہنگ کے بغیر سمجھ نہیں سکتے حالانکہ اس درمیان میں رسم خط میں کوئی خاص تبدیلی نہیں ہوئی۔

ایک بات اور۔۔۔ قدیم اردو نہ صرف یہ کہ ہندی کہلاتی تھی بلکہ دیوناگری رسم الخط میں بھی لکھی جاتی تھی۔

زبان اور رسم خط کے فرق کو واضح کرنے سے ہمارا مقصد یہ تھا کہ اردو رسم خط کی بحث میں زبان کے مسائل کو نہ الجھایا جائے کیونکہ رسم خط زبان کا جز نہیں ہے۔ بہت سے لوگ عقیدت کے جوش میں جذبات سے مغلوب ہو کر مروجہ رسم خط کی اس طرح حمایت کرتے ہیں گویا اس کا تعلق بھی ہمارے مذہب سے ہے۔ گویا قرآن شریف اور احادیث نبوی کا رسم خط یہی تھا۔ یہ بات ٹھیک نہیں۔ رسم خط کا تعلق نہ مذہب سے ہے، نہ اسلامی تہذیب سے۔ رسم خط ہماری آوازوں کی صوتی علامتیں ہیں۔ ان علامتوں کو انسان نے متعین کیا۔ ان میں وقتاً فوقتاً تبدیلیاں ہوتی رہی ہیں اور جب تک انسان زبان سے بولتا ہے اور اس کی زبان میں تبدیلیاں ہوتی ہیں، ان علامتوں میں بھی ترمیم اور اضافے ہوتے رہیں گے۔

لسانیات کے عالموں نے دنیا کی زبانوں کو الگ الگ خاندانوں میں تقسیم کیا ہے۔ ایک خاندان انڈویورپین زبانوں کا ہے۔ جس میں انگریزی، فرانسیسی، جرمن، اطالوی، یونانی، روسی، فارسی، پشتو، پنجابی، ہندی، اردو، بنگالی، راجستھانی، مرہٹی، اڑیہ اور گجراتی وغیرہ شامل ہیں۔ ان کے بولنے والوں کی تعداد ایک ارب ہے۔ دوسرا خاندان سامی حامی زبانوں کا ہے جس میں عبرانی، عربی، شامی، حبشہ کی قوشتی زبانیں، قدیم قبطی اور شمالی

افریقہ کی دوسری زبانیں شامل ہیں۔ ان کے بولنے والوں کی تعداد آٹھ کروڑ کے لگ بھگ ہے۔ تیسرا خاندان یورال التائی زبانوں کا ہے۔ اس خاندان کی رکن ہے فن لینڈ کی فنش، اتھوپیا کی لستھونی، ہنگری کی گلیار، ترکی، منگول اور منچوریا کی زبان۔ اس خاندان کی کل تعداد سات کروڑ ہے۔ چوتھا خاندان چینی تبتی زبانوں کا ہے۔ اس خاندان میں چینی، تبتی، برمی اور سیامی زبانیں شامل ہیں۔ ان زبانوں کے بولنے والوں کی کل تعداد ساٹھ کروڑ ہے۔ پانچواں خاندان جاپانی اور کورین کا ہے۔ چھٹا خاندان ملایا پولی نیشیا کا ہے۔ جس میں ملاگاسی، مادری، ملائی، انڈونیشی، فلپینو اور بحر الکاہل کے دوسرے جزیروں کی زبانیں ہیں۔ ساتواں خاندان دراوڑ زبانوں کا ہے جو جنوبی ہند میں بولی جاتی ہیں۔ ان کے علاوہ زبانوں کے ایک دو اور خاندان بھی ہیں لیکن وہ بہت چھوٹے ہیں۔

اردو زبان انڈویورپین خاندان سے تعلق رکھتی ہے۔ گو اب تک یہ دریافت نہیں ہو سکا ہے کہ انڈویورپین زبانوں کی مورث اعلی کون سی زبان تھی۔ لیکن جدید زبانوں میں جو زبان اپنے مورث اعلیٰ سے سب سے قریب سمجھی جاتی ہے وہ لتھوائی زبان ہے جسے بحر بالٹک کے ساحل کے بیس لاکھ باشندے بولتے ہیں۔ البتہ اس خاندان کی سب سے پرانی زبان سنسکرت ہے۔ اس کے بعد یونانی اور اس کے بعد لاطینی۔ سنسکرت زبان کا سراغ دو ہزار قبل مسیح تک لگایا جا چکا ہے۔ اردو، ہندی، فارسی، پنجابی اور بنگالی کا شجرہ نسب سنسکرت ہی سے ملتا ہے۔

یہ انڈویورپین زبانیں بنیادی طور سے سامی زبانوں سے مختلف ہیں۔ دونوں خاندانوں کے صرف و نحو اور لغات ہی ایک دوسرے سے الگ نہیں ہیں، ان کے فقروں کی بناوٹ کے طریقے اور الفاظ کے ذخیرے ہی مختلف نہیں بلکہ ان کی آوازوں کے مخارج میں بھی فرق پایا جاتا ہے۔ سامی زبانوں کی بعض آوازیں انڈویورپین زبانوں میں سرے

سے موجود ہی نہیں۔ اسی طرح انڈویورپین زبانوں کی بعض آوازیں سامی قوم کے لوگ ادا نہیں کر سکتے۔

زبانوں کے یہ خاندان الگ الگ جزیروں میں نہیں رہتے اور نہ الگ الگ صندوقوں میں بند ہیں کہ ان کا ایک دوسرے سے کوئی تعلق ہی نہ ہو۔ مختلف خاندانوں کے لوگ ایک دوسرے سے ملتے ہیں۔ آپس میں لین دین کرتے ہیں اور اس طرح ایک خاندان کی زبان کا اثر دوسرے خاندان کی زبان پر بھی پڑتا ہے۔ وہ ایک دوسرے کے الفاظ کو اپناتے ہیں۔ ان کے محاوروں کو استعمال بھی کرتے ہیں۔ کبھی کبھی ان کی آوازوں کی نقل بھی کرتے ہیں۔ لیکن ان خاندانوں کی انفرادیت بدستور قائم رہتی ہے۔ ان کے مزاجوں پر اس ربط ضبط سے کوئی خاص اثر نہیں پڑتا۔

تحریر کے موجد اہل سومیر تھے۔ لیکن حروف ابجد آج کل انڈویورپین اور سامی حامی زبانوں میں رائج ہیں۔ ان کے موجد فونیشیا (ساحل شام) کے قدیم باشندے تھے۔ فونیشیا کے لوگ اس تحریر کو دائیں سے بائیں اور پھر بائیں سے دائیں جانب مسلسل لکھتے تھے۔ جس طرح کھیت میں ہل چلاتے ہیں۔ یونانیوں نے جب فونیشی رسم خط کو اپنایا تو ابتدا میں وہ بھی اسی طرح لکھتے تھے۔ لیکن بعد میں انہوں نے یہ طریقہ ترک کر دیا اور بائیں سے دائیں جانب لکھنے لگے۔ البتہ سامی قوم کے لوگوں نے دائیں سے بائیں لکھنے کا طریقہ برقرار رکھا۔ آج پوزیشن یہ ہے کہ تمام آریائی قومیں (اردو اور فارسی کے علاوہ) بائیں سے دائیں کی جانب لکھتی ہیں۔ اور سامی قومیں دائیں سے بائیں جانب۔ فارسی بھی عربوں کے تسلط سے قبل بائیں جانب سے لکھی جاتی تھی اور اردو بھی جو بقول مولوی عبد الحق صاحب "ہندی کی ترقی یافتہ شکل ہے" اپنے ابتدائی دور میں دیوناگری رسم خط میں بائیں سے دائیں جانب لکھی جاتی تھی۔

فونیشیا کے یہ حروف ابجد صوتی اصول پر مرتب کئے گئے تھے۔ لیکن وہ انسان کے منہ سے نکلنے والی ہر آواز کی نمائندگی نہ کرتے تھے۔ وہ فقط انہیں آوازوں کے علامتی نشان تھے جو فونیشیا کے باشندوں کے منہ سے نکلتی تھی اور یہ امر بھی مشتبہ ہے کہ یہ صوتی علامتیں اہل فونیشیا کی تمام آوازوں پر محیط تھیں۔ دوسری قوموں نے جب اس رسم خط کو اپنایا تو اپنی صوتی ضرورتوں کے مطابق اس میں مناسب اضافے اور ترمیم کرتی گئیں۔ اہل فونیشیا نے یہ رسم خط اپنی کاروباری ضرورتوں کے لئے ایجاد کیا تھا۔ انہیں اس بات کا ہرگز احساس نہ تھا کہ آگے چل کر دنیا کی سیکڑوں قومیں ان کے رسم خط کو اختیار کرلیں گی۔ چنانچہ ہر قوم نے اس رسم خط میں تبدیلیاں کیں۔ اور جو آوازیں اس رسم خط سے ادا نہ ہوتی تھیں ان کے لئے نئے نشانات مقرر کئے۔ مثلاً عربوں نے اپنے اعراب کی ضرورتوں کے لئے پہلے نقطوں کی علامتیں اختیار کیں۔ زبر کے لئے حروف کے اوپر زیر کے لئے نیچے اور پیش کے لئے کنارے پر ایک نقطہ دیا جاتا۔ حضرت رسول اللہ صلی اللہ علیہ وسلم کے وقت میں اور خلفائے راشدہ کے زمانے میں یہی طریقہ رائج تھا۔ اعراب کی موجودہ شکلیں دوسری صدی ہجری میں ایجاد ہوئیں۔ اسی طرح عربوں نے اپنی مخصوص چھ آوازوں کے حروف (ث، خ، ذ، ض، ظ اور غ) نقطے لگا کر حاصل کئے۔

رسم خط میں اصلاح اور ترمیم کا یہ سلسلہ ختم نہیں ہوتا ہے۔ کوئی رسم خط خواہ وہ رومن ہو یا عربی یا دیوناگری، مکمل نہیں ہے۔ یعنی کوئی رسم خط ایسا نہیں جو منہ سے نکلی ہوئی آواز کی مکمل نمائندگی کر سکے۔ یہی نہیں بلکہ دنیا کا کوئی رسم خط ایسا نہیں جو خود اپنی زبان کی تمام آوازوں کو ادا کرنے پر پوری طرح قادر ہو۔ اسی لئے کوئی رسم خط خواہ وہ رومن ہو یا عربی یا دیوناگری یہ دعویٰ نہیں کر سکتا کہ وہ اپنی موجودہ شکل میں دنیا کی تمام صوتی ضرورتوں کو پورا کرتا ہے۔

جو لوگ رومن رسم خط پر یہ اعتراض کرتے ہیں کہ رومن ابجد کے حروف سے ہماری تمام آوازیں ادا نہیں ہوتیں، وہ اس تاریخی حقیقت کو نظر انداز کر دیتے ہیں کہ اگر رومن ابجد کے حروف ہماری تمام آوازوں کو ادا نہیں کر سکتے تو عربی ابجد کے حرف بھی ہماری تمام آوازوں کو ادا کرنے سے قاصر ہیں۔ اسی بنا پر ایرانیوں کو اپنی چار مخصوص آوازوں کے لئے پ، چ، ژ، اور گ ایجاد کرنے پڑے اور جب اردو نے فارسی رسم الخط اختیار کیا تو اردو کو کچھ نئے حروف بنانے پڑے۔ جو ان خالص ہندی آوازوں کی نمائندگی کرتے تھے، جو نہ عربی ایجاد میں موجود ہیں اور نہ فارسی میں مثلاً ٹ، ڈ، ڑ۔ لیکن اس اضافے کے بعد بھی ہمارے حروف ابجد ہماری تمام آوازوں کو ادا نہیں کرتے مثلاً کھ، گھ، تھ، چھ اور دھ کی آوازیں کہ ان کے لئے ہمیں مقرر حروف کے بجائے مرکب حروف سے کام لینا پڑتا ہے۔ چنانچہ مولائے محترم کا یہ اعتراض کہ "رومن ابجد میں مرکب حروف سے ایک آواز کا کام لیا جاتا ہے۔ اردو ابجد پر بھی حرف بحرف صادق آتا ہے۔"

جہاں تک اردو رسم خط کا تعلق ہے اس سے کوئی انکار نہیں کر سکتا کہ یہ رسم خط اور اس کے حروف ابجد ہماری صوتی ضروریات کو پورا نہیں کرتے۔ ہم نے اوپر ان چند آوازوں کی مثال دی تھی جو ہماری اپنی آوازیں ہیں مگر جن کے لئے ہمارے رسم خط میں کوئی حرف موجود نہیں اور جنہیں رومن کی طرح ہم بھی دو حرفوں سے ملا کر بناتے ہیں۔ اس رسم خط میں حروف علت بھی نہیں ہیں۔ اس لئے ہم اردو کے ہر لفظ کو اٹکل سے پڑھتے ہیں اور حروف کے ملانے کا کوئی قاعدہ نہیں بنا سکتے۔ ممکن ہے کہ اعراب کا حوالہ دیا جائے۔ مگر اعراب حروف ابجد کا جز تو نہیں۔ اور کتنے لوگ ہیں جو ہر لفظ پر اعراب لگاتے ہیں یا اعراب لگا سکتے ہیں۔ اگر اردو کی ہر کتاب، ہر اخبار کی تحریر کو اعراب سے مزین کیا جائے تو اس کا کیا حشر ہو گا۔ اعراب تو وہ علامتیں ہیں جن سے اہل عرب بھی حتی

الامکان احتراز کرتے ہیں۔ انگریزی زبان میں دس، بیس، سو، پچاس لفظ رومن ابجد کی بے قاعدگی کے باعث اٹکل پڑھے جاتے ہیں۔ ہمارے رسم خط میں تقریباً ہر لفظ کا یہی حال ہے۔

ہمارے رسم خط کی تیسری خرابی یہ ہے کہ ہمارے نو حروف منفصل ہیں اور بقیہ متصل۔ مقصل حروف وہ ہیں جن کے آخر میں کوئی دوسرا حرف جوڑا نہیں جا سکتا۔ مثلاً ادڈذرڑزژوء۔ نتیجہ یہ ہوتا ہے کہ ان میں سے اگر کوئی حرف کسی لفظ کے درمیان میں آجائے تو لفظ ٹوٹ جاتا ہے۔ مثلا کریم، گھرکنا، کھرچنا، دھڑکنا، بھڑکنا، غور سے دیکھئے تو معلوم ہوگا کہ حروف منفصل کے باعث ان لفظوں کے ارکان ٹوٹ گئے ہیں۔ وسطی رکن کا ایک حرف ایک طرف اور دوسرا دوسری طرف لکھا گیا اور درمیان میں خلیج قائم ہوگئی۔ اس سے بھی بری صورت اس جگہ پیدا ہوتی ہے جس جگہ حروف منفصل مخلوط بھی ہوں۔ مثلا دھ، ڈھ، ٹھ، ڑھ لفظوں کے بیچ میں آجائیں جیسے پڑھنا، کڑھنا، سدھنا (تفصیل کے لئے دیکھئے رسالہ اردو ۱۹۴۴)

چوتھا مسئلہ حروف متصل کا ہے۔ رومن میں چونکہ تمام حروف متصل ہیں۔ اس لئے انگریزی، فرانسیسی، جرمن، اطالوی اور دوسری رومن زبانوں میں ایک لفظ کے تمام حروف ملا کر لکھے جاتے ہیں۔ خواہ لفظ کے ارکان دو ہوں یا دس۔ وہاں تحریر کی حد تک ایک لفظ وحدت ہوتا ہے۔ لیکن ہماری تحریر میں اس اصول پر عمل کرنے سے بڑی دشواریاں ہوتی ہیں۔ مثلاً کنکٹا، بیہزکہ مرکب مگر ایک لفظ ہیں اور ان کے درمیان میں کوئی حروف منفصل بھی نہیں آتا۔ لیکن ہم ان لفظوں کو ملا کر نہیں لکھتے۔ کیونکہ ملا کر لکھنے سے ان کا پڑھنا مشکل ہو جائے گا۔ یہی وجہ ہے کہ ۱۹۴۴ء میں انجمن ترقی اردو کے مرکزی دفتر کی جانب سے یہ تجویز پیش ہوئی تھی کہ "مرکب الفاظ کے اجزائے ترکیبی کو

لازماً علاحدہ علاحدہ لکھا جائے۔" اور علامت مصدر کو بھی ملا کر نہ لکھا جائے بلکہ جدا تحریر کیا جائے۔ جیسے لکھ نا۔ مگر افسوس ہے کہ انجمن کی تجویزوں کو نہ اردو داں طبقے نے مانا اور نہ خود انجمن اس پر عمل کر سکی۔

پھر ہم آواز عربی حروف کا مسئلہ ہے۔ ان کی پانچ قسمیں ہیں،

ا۔۔۔ع

ت۔۔۔ط

س۔۔۔ث، ص

ز۔۔۔ذ، ض، ظ

ح۔۔۔ہ

عربی میں یہ تیرہ الگ الگ آوازیں ہیں جن کے مخارج جدا ہیں۔ لیکن یہ سامی قوموں کی آوازیں ہیں جن کو ہم لوگ اور دوسرے غیر سامی لوگ ٹھیک ادا نہیں کر سکتے اور نہ کرتے ہیں۔

عربی رسم الخط کی خرابیاں بیان کرنے سے ہمارا مقصد یہ تھا کہ رومن رسم خط کی برائیاں گنواتے وقت ہم عربی رسم خط کی ناموزونیت کو بھی نظر میں رکھیں اور رسم خط کی اصلاح کی بحث کو مذہبی رنگ نہ دیں کیونکہ رسم خط کا تعلق مذہب سے نہیں ہے۔

اردو رسم خط کے حامی اس کی اختصار نویسی کی بڑی تعریف کرتے ہیں۔ چنانچہ محترم مولوی صاحب نے بھی اپنے مضمون میں اردو رسم خط کی اس خوبی پر بڑا زور دیا ہے۔ ان کی رائے میں رومن رسم خط ہم سے بچھڑا ہوا ہے۔ کیونکہ رومن رسم خط اختیار کرنے والے لفظ حرفوں کو ایک دوسرے سے ملانے پر اکتفا کر گئے۔ بد نصیبوں نے جرأت سے کام لے کر اپنے حرفوں کی شکل مسخ نہیں کی۔ اس کے برعکس ہم نے اختصار کے عمل کو

اور بڑھایا۔ یہاں تک کہ حرفوں کے جوڑ سے لفظ بنا لئے۔ اس اختصار نویسی کا مقصد یہ تھا کہ لکھنے میں وقت کم صرف ہو اور جگہ کم لگے۔

یہ درست ہے کہ زبان کی طرح رسم خط میں (اور دوسرے تخلیقی کاموں میں بھی) انسان کا فطری رجحان سہولت کی جانب ہے۔ وہ کم سے کم محنت صرف کرکے زیادہ سے زیادہ مفید نتائج کا خواہش مند رہتا ہے۔ مگر اس اختصار کی بھی ایک تاریخ ہے اور اس کے بھی بعض قاعدے ہیں اور حدود بھی۔ عربی رسم خط کے ابتدائی دور میں ہم دیکھتے ہیں کہ حرف الگ الگ ہوتے تھے۔ البتہ ایک خاص دور میں آکر انہیں ملایا گیا اور پھر ایک خاص دور میں آکر ان حرفوں کے جوڑ سے لفظ بنائے گئے۔ پھر بھی نو حروف ایسے نکلے جن کے ٹکڑے نہیں کئے جا سکے۔ اس کا نتیجہ یہ نکلا کہ لفظوں کے ارکان میں خرابی پیدا ہو گئی۔

اختصار کا عمل کئی طریقے سے ممکن ہے۔ اختصار کا ایک طریقہ تو وہ تھا جو حرفوں کی شکل بگاڑ کر انہیں چھوٹا کر کے اختیار کیا گیا۔ دوسرا طریقہ یہ تھا کہ حرفوں کی شکل برقرار رکھی گئی اور لفظوں کو مختصر کیا جائے۔ ان کے بنیادی حروف رکھ لئے جائیں اور بھرتی کے حروف چھانٹ دیے جائیں۔ انگریزی اور دوسری ترقی یافتہ زبانوں نے دوسرا طریقہ اختیار کیا۔ چنانچہ ان زبانوں کا رجحان پچھلے چھ سات سو سال سے لفظوں کو مختصر کرنے کی طرف ہے۔ اس سے دہرا فائدہ ہوتا ہے۔ انہیں بولنے میں بھی کم محنت کرنی پڑتی ہے اور لکھنے میں بھی۔ بولنے میں بھی ان کا کم وقت صرف ہوتا ہے اور لکھنے میں بھی۔ اس کے برعکس حرفوں کی شکل بدل کر اور ان کے جوڑ سے لفظ بنا کر ہمیں فقط لکھنے میں سہولت ہو جاتی ہے لیکن بولنے میں کوئی سہولت نہیں ہوتی۔ اس کے علاوہ حروف کی شکل بدلنے، ان کے جوڑ جوڑ الگ کرنے کے باعث مبتدیوں کو اردو رسم خط سیکھنے میں جو دشواریاں

ہوتی ہیں ان کا اندازہ وہی لوگ بخوبی لگا سکتے ہیں جن کو بچوں یا ان پڑھ بالغوں یا غیر ملکیوں کو اردو پڑھانے کا تجربہ ہوا ہو۔ مگر مشکل یہ ہے کہ ان مسائل پر غور کرتے وقت ہم عام طور سے اپنے بچپن کو بھول جاتے ہیں۔

مزید بر آں رسم خط کی ترقی یافتہ ہونے کی واحد کسوٹی اس کی اختصار نویسی نہیں، ورنہ ہم شارٹ ہینڈ کو کب کا اپنا رسم خط بنا چکے ہوتے۔ دنیا کے کسی زبان نے شارٹ ہینڈ کو اپنا رسم خط نہیں بنایا۔ اس کی ایک معقول وجہ ہے۔ زبان کے مانند رسم خط بھی ایک سماجی فعل ہے۔ جس طرح زبان کے لئے بولنے والے کے علاوہ ایک سننے والا بھی ضروری ہے جس تک انسان اپنے خیالات پہنچاتا ہے، اسی طرح لکھنے والے کے لئے ضروری ہے کہ اس کی تحریر کو آسانی سے سمجھنے والے بھی موجود ہوں۔ اختصار نویسی اگر اس حد تک تجاوز کر جائے کہ وہ شارٹ ہینڈ یا چیستاں بن جائے تو وہ اپنی سماجی افادیت کھو دیتی ہے۔ وہ ماہرین فن کے ایک مختصر گروہ کا مشغلہ بن جاتی ہے۔ پوری سماج اس سے فیض یاب نہیں ہو سکتی۔

ہمارے پاس ایسی کوئی تاریخی شہادت موجود نہیں جس سے یہ نتیجہ نکالا جا سکے کہ عربوں نے وقت اور جگہ بچانے کی غرض سے اختصار نویسی کا مروجہ طریقہ اختیار کیا۔ البتہ قیاس یہ کہتا ہے کہ اس ایجاد کے حرکات جمالیاتی اور تزئینی ہوں گے نہ کہ افادی۔ مسلمانوں میں مصوری اور بت تراشی ممنوع تھی۔ ایسی حالت میں فن کار اپنی تخلیقی صلاحیتوں کو انہیں فنون میں بروئے کار لا سکتے تھے، جو ممنوع نہ تھے۔ ایسا ایک فن خطاطی کا تھا۔ خلفائے بنی عباس عالم دوست تھے۔ ان کا دار الخلافہ علم و ادب کا مرکز بنا ہوتا تھا۔ تصنیف و تالیف کے کاموں کو ریاست کی سرپرستی حاصل تھی۔ فن خطاطی کو انہیں

خوشگوار حالات میں فروغ ہوا۔ بعد میں مسلمانوں نے فن خطاطی کو اتنی ترقی دی کہ دنیا اس کی کوئی نظیر پیش نہیں کر سکتی۔ اور خطاطی کی فنی ضرورتوں کا تقاضا تھا کہ حرفوں کو ملا کر لکھا جائے۔ اور ان کے جوڑوں کو بھی الگ کیا جا سکے اس کے بغیر فن کی ہیئتی وحدت ناممکن تھی۔

ہمیں اردو کے موجودہ رسم خط پر افادی نقطہ نظر سے غور کرنا چاہیے۔ اگر وہ ہماری تمام صوتی ضرورتوں کو پورا کرتا ہے اور زبان کی ترقی کی راہ میں رکاوٹ نہیں بنتا تو ہمیں خواہ مخواہ کوئی دوسرا خط اختیار نہیں کرنا چاہیے۔ رومن رسم خط کے حق میں یہ کوئی دلیل نہیں کہ یورپ میں یہی رسم خط رائج ہے۔

جاپان میں تو یہ رسم خط رائج نہیں پھر جاپانیوں نے اپنے بچھڑے ہوئے رسم خط کے باوجود کیسے ترقی کی۔ میری حقیر رائے یہ ہے کہ اردو رسم خط موجودہ شکل میں ہماری تمام آوازوں کو ادا کرنے سے قاصر ہے۔ اگر آپ جائسی کی پدماوت یا پرانے دکنی شعرا کی مثنویاں یا کبیر کے دوہے یا امیر خسرو کی پہیلیاں، دوسخنے اور مکرنیاں اردو رسم خط میں پڑھیں تو آپ کو اس رسم خط کی خامیوں کا اندازہ ہو جائے گا۔

اب سوال یہ ہے کہ اصلاح کی نوعیت کیا ہو۔ پہلی صورت تو یہ ہے کہ وہ حروف ابجد جن کو ہم زبان سے ادا نہیں کرتے، خارج کر دیے جائیں اور ان کی جگہ نئے حروف کا اضافہ کیا جائے جو ان آوازوں کی نمائندگی کریں جن کے لئے ہمارے پاس منفرد حروف نہیں۔ مگر حروف متصل اور منفصل کا جھگڑا پھر بھی باقی رہے گا اور حرف علت کی کمی پھر بھی محسوس ہوگی۔

دوسری صورت یہ ہے کہ رومن رسم خط اختیار کیا جائے۔ بشرطیکہ اس میں اپنی

صوتی ضرورتوں کے مطابق مناسب ترمیم کی جائے۔

تیسری صورت یہ ہے کہ رومن (دیوناگری؟؟؟؟) رسم الخط کو دوبارہ اختیار کرلیا جائے کہ ہمارا قدیم رسم الخط یہی ہے اور ہماری صوتی ضرورتوں کو دوسرے رسم خطوں کے مقابلے میں بہتر طریقے پر پورا کرتا ہے۔ مگر اس زمانے میں ہر مسئلہ خواہ وہ زبان کا ہو یا رسم الخط کا مسئلہ، سیاسی رنگ اختیار کر گیا ہے۔ اس لئے دیوناگری رسم خط کی تجویز پیش کرنے سے خواہ مخواہ غلط فہمیاں پیدا ہوں گی اور رسم خط کی گتھی سلجھنے کے بجائے اور الجھ جائے گی لیکن خالص لسانی اور صوتی نقطہ نظر سے دیکھا جائے تو ہماری زبان کا رسم خط دیوناگری ہی ہونا چاہیے۔

پچھلے بیس پچیس سال سے اردو رسم خط میں اصلاح کی کوشش ہو رہی ہے۔ مضامین لکھے جاتے ہیں۔ کمیٹیاں بنتی ہیں۔ تجویزیں پاس کی جاتی ہیں۔ مگر نتیجہ کچھ نہیں نکلتا۔ البتہ اس سے یہ ضرور پتا چلتا ہے کہ لوگوں میں اس رسم خط کی خرابیوں کا شدید احساس ہے اور وہ چاہتے ہیں کہ اس میں اصلاح کی جائے۔ یہ احساس ہماری سماجی ضرورتوں اور وقت کے تقاضوں نے ہم میں پیدا کیا ہے۔ مگر رسم خط کی اصلاح کا کام اتنا بڑا ہے، اس کی راہ میں اتنی مشکلیں اور دشواریاں ہیں کہ پرائیویٹ ادارے اس کام کو ریاست کی سرپرستی اور ارباب حکومت کے تعاون کے بغیر انجام نہیں دے سکتے۔

ہماری سماجی زندگی دوسرے ملکوں کے مانند منظم نہیں ہے کہ پرائیویٹ اداروں کے فیصلے پورے ملک میں رائج ہو جائیں اور نہ ہم میں اتنا ڈسپلن ہے کہ ہم فقط لسانیات کے عالموں کی بات مان کر اس پر عمل درآمد شروع کر دیں۔

اس مسئلے پر آزادی سے بحث ضرور ہونی چاہیے تاکہ اس کے تمام پہلو نمایاں ہو

جائیں اور رائے عامہ نئی اصلاحات کو قبول کرنے کے لئے تیار ہو سکے۔ رہ گئی حکومت تو اسے ان قومی مسائل پر سنجیدگی اور آزادی سے غور کرنے کی فرصت کہاں۔ آٹھ سال میں تو ابھی وہ یہ فیصلہ بھی نہیں کر سکی کہ ملک کی سرکاری زبان کیا ہوا۔ ابھی تو انگریزی ہی کا پرچم لہرا رہا ہے۔ اس غیر ملکی پرچم سے نجات ملے تو رسم خط کی طرف توجہ کی جائے۔

***

مسئلہ زبان اور قومی تقاضے

پروفیسر میکس مولر نے ۱۸۸۹ء میں آکسفورڈ یونیورسٹی کے دانشوروں کو خطاب کرتے ہوئے کہا تھا، "کتنے شرم کی بات ہے کہ ہمارے تعلیم کے نظام میں ابتدائی تعلیم سمیت اب تک زبان کی سائنس کے لئے کوئی جگہ نہیں۔ کتنے شرم کی بات ہے کہ ابھی تک ہمارے بچوں کو یہ بھی نہیں بتایا جاتا کہ ان کی سب سے قیمتی میراث کی قدر وافادیت کیا ہے۔ ان کی زبان کیا شئے ہے۔ زبان جو ان کو دوسرے جانوروں سے ممتاز کرتی ہے۔ زبان جو انسان کو انسان بناتی ہے، زبان جس نے انسان کو نیچر کا آقا بنایا ہے اور اس میں اپنی ذات کا شعور پیدا کیا ہے۔ پس صاحبو! کیا یہ شرم کی بات نہیں کہ ہم اپنی ساری زندگی گزار دیں، اور یہ جاننے کی کوشش تک نہ کریں کہ وہ کیا فضا ہے جس سے ہم اپنی بہترین ذہنی زندگی حاصل کرتے ہیں۔ ہم کسی کو تعلیم یافتہ نہیں کہتے، جب تک وہ لکھنا پڑھنا نہ جانتا ہو۔ میرا خیال ہے کہ ہمیں اس شخص کو تعلیم یافتہ نہیں کہنا چاہئے جو یہ نہ جانتا ہو کہ زبان کیا ہے اور وہ کیونکر یہاں تک پہنچی۔"

علم لسانیات کی ترقی

۶۵ سال کی اس مختصر مدت میں لسانیات کا علم کہاں سے کہاں پہنچ گیا۔ دانایان مغرب نے دنیا کی اکثر زبانوں اور بولیوں کی تاریخ مرتب کرلی۔ ان کی گرامر سے آگاہی حاصل کرلی۔ ان کے لغت بناڈالے، ان کے لوک گیت، ان کے بھجن اور زمزمے، ان

کے قصے اور کہانیاں سب اکٹھا کر لیں۔ لفظوں کی ابتدائی شکلیں ڈھونڈ نکالیں۔ تحریر کے اولین نقوش کے معنی معلوم کر لیے۔ انسان کے منہ سے نکلنے والی آوازوں کی چھان بین کر کے صوتیات کے اصول قائم کر لیے۔ یونیورسٹیوں اور کالجوں میں علم زبان کے الگ شعبے قائم ہو گئے۔ فقط علم زبان کے نہیں بلکہ لسانیات کی مختلف شاخوں کے بھی، جہاں تعلیم کے علاوہ مزید تحقیق و جستجو کی سہولتیں بھی فراہم کی جانے لگیں۔ علماء لسانیات اور محققین نے اپنی تصنیفات سے کتب خانوں کی الماریاں بھر دیں اور اس سارے کام کو ایک لڑی میں پرونے کی غرض سے، اس کو منظم طور سے چلانے کی خاطر علم لسانیات کی قومی اور بین الاقوامی انجمنیں قائم ہو گئیں۔

اور ہمارے ملک میں! آج بھی وہی حالت ہے جس کا رونا پروفیسر میکس مولر نے ۶۵ سال پیشتر رویا تھا بلکہ میں تو یہ کہنے کی جرأت کروں گا کہ لسانیات کے میدان میں ہم یورپ کے مقابلے میں قریب قریب ڈیڑھ سو سال پیچھے ہیں کیونکہ یورپ کے علما اٹھارہویں صدی کے آخر میں بحث کیا کرتے تھے کہ زبان آسمان سے اتری ہے یا انسان کی اپنی تخلیق ہے اور فلاں زبان مقدس اور برگزیدہ ہے اور فلاں زبان گنوار اور گھٹیا ہے۔ پروفیسر میکس مولر نے جس زمانے میں زبان سے انگریزوں کی بے توجہی کی شکایت کی، اس زمانے میں تو یورپ، انگلستان اور امریکا میں علم لسانیات بہت ترقی کر چکا تھا اور پڑھے لکھے لوگوں میں زبان دانی کا شوق بہت بڑھ گیا تھا۔ خود پروفیسر میکس مولر یونیورسٹی میں سنسکرت پڑھاتے تھے اور سنسکرت کی کتابوں۔۔۔ رگ وید وغیرہ کے ترجمے چھاپتے رہتے تھے۔

ہمارے ملک میں

ہمارے ملک کا حال یہ ہے کہ زبانوں کی تحقیق و جستجو کے سلسلے میں بزرگوں نے جو

کام کئے تھے، ہم ان سے بھی بے خبر ہوتے جارہے ہیں۔ مولوی محمد حسین آزاد، مولوی وحید الدین سلیم، ڈاکٹر مولوی عبدالحق، پنڈت دتاتریہ کیفی اور علامہ محمد شیرانی نے علم لسانیات کی بیش بہا خدمات انجام دی ہیں۔ در اصل اردو میں لسانیات کے بانی یہی حضرات ہیں۔ یہ درست ہے کہ جدید تحقیق نے ان کے اکثر نظریات کو رد کر دیا ہے، لیکن اس میں ان کا اپنا کوئی قصور نہیں بلکہ ان کے عہد کا قصور ہے کہ اس وقت یہ علم اس سے آگے نہیں بڑھا تھا۔ ہندوستان میں بیٹھ کر انہیں جتنی معلومات حاصل ہو سکتی تھیں اور جتنا مسالا وہ ان نامساعد حالات میں اکٹھا کر سکتے تھے، اسی کی بنیاد پر انہوں نے تحقیق و جستجو کی اور بعض نتیجوں تک پہنچے۔ لیکن کیا نصف صدی گزر جانے کے بعد بھی ہم نے اپنے آپ کو اس قابل بنایا ہے کہ لوگ ہمیں ان بزرگوں کا جانشین سمجھیں۔

آج تو یہ عذر نہیں کیا جاسکتا کہ بیرونی آقا ہمیں تحقیق و جستجو سے روکتے ہیں۔ آج تو ہمارے ملک میں ہماری اپنی حکومت ہے جو چاہے تو ہمیں ہر قسم کی سہولتیں مل سکتی ہیں۔ طلبا دوسرے ملکوں میں علم لسانیات کی تعلیم حاصل کرنے جاسکتے ہیں۔ لسانیات کے عالم یہاں آسکتے ہیں۔ ان کی کتابیں آسکتی ہیں۔ مگر حالت یہ ہے کہ اب تک نہ تو کسی یونیورسٹی یا کالج میں علم لسانیات کا کوئی شعبہ قائم ہو سکا ہے اور نہ اس علم کی باقاعدہ تعلیم کا کوئی انتظام ہے۔ ضمنی طور پر لسانیات کا درس ممکن ہے دیا جاتا ہو، مگر اس سے کیا بنتا ہے۔

کالجوں اور یونیورسٹیوں سے باہر بھی یہی نقشہ ہے۔ ملک میں تاریخ دانوں کی انجمن ہے۔ ڈاکٹروں کی انجمن ہے۔ ٹیچروں کی انجمن ہے۔ فلسفیوں اور معاشیات کے ماہروں کی انجمن ہے۔ مگر نہیں ہے تو لسانیات کے مسائل سے دلچسپی رکھنے والوں کی۔ ملک میں ہر قسم کے رسالے نکلتے ہیں، مگر نہیں نکلتا تو لسانیات کا۔ نتیجہ یہ ہے کہ اگر اکا دکا لوگ زبان کے سلسلے میں کوئی کام کرتے ہیں یا کام کرنا چاہیں تو نہ کوئی ان کی رہبری اور نگرانی

کرنے والا ہے اور نہ کوئی صلاح و مشورہ دینے والا۔

۲۲ برسوں پہلے کا ایک سرحدی عالم

لطف کی بات یہ ہے کہ یورپ میں علم لسانیات کی محرک ایک مشرقی زبان ہی تھی۔ سنسکرت۔ اور جس شخص نے دانایان مغرب کو اس علم کی ابجد سکھائی وہ اسی سرزمین کا باشندہ تھا جسے اب پاکستان کہتے ہیں۔ اس عظیم انسان کا نام پانِنی تھا۔ وہ چوتھی صدی قبل مسیح میں (اب سے ۲۲ سو سال پیشتر) صوبہ سرحد کے ایک گاؤں زالاتورا میں پیدا ہوا۔ روایت کے مطابق وہ مگدھ (بہار) کے راجہ نندا کا ہم عصر تھا۔ پانِنی کا سب سے بڑا کارنامہ یہ ہے کہ اس نے سنسکرت زبان کی ایک ایسی مستند گرامر تیار کی جو آج تک حرف آخر سمجھی جاتی ہے۔ یورپ والوں کی سنسکرت زبان اور پانِنی کی گرامر سے آگہی دراصل ایک سنگ میل ہے جہاں سے علم لسانیات کی ابتدا ہوئی۔ چنانچہ مشہور عالم پروفیسر وھٹنے لکھتا ہے کہ "کسی ایک واقعہ نے علم لسانیات کو آگے بڑھانے میں اتنی مدد نہیں کی جتنی مغربی علما کی سنسکرت زبان سے آگہی نے۔" میکس مولر تو یہ دعویٰ بھی کرتا ہے کہ سنسکرت کے بغیر جدید لسانیات ممکن ہی نہ تھا اور یورپ کو اس زبان سے باقاعدہ متعارف کرایا سر ولیم جیمس نے۔ انہوں نے رائل سوسائٹی آف بنگال کے خطبے میں (۱۷۸۶ء) سنسکرت زبان کی اہمیت ان لفظوں میں بیان کی،

"سنسکرت زبان کی ابتدا خواہ کچھ ہی ہو، حیرت انگیز ضرور ہے۔ وہ یونانی زبان سے زیادہ مکمل، لاطینی سے زیادہ وسیع اور دونوں سے زیادہ ثقیل ہے۔ اس کے باوجود دونوں زبانوں میں اور سنسکرت میں جہاں تک مصادر کے مخارج اور گرامر کی شکلوں کا تعلق ہے، اتنی مشابہت پائی جاتی ہے کہ اسے کسی اتفاق یا حادثے پر محمول نہیں کیا جاسکتا۔ یہ یگانگت اتنی قریبی ہے کہ ان تینوں زبانوں کی تحقیقات کے بعد ہر عالم لسانیات اسی نتیجہ پر پہنچے

گا کہ ان زبانوں کا مخرج و منبع ایک ہی ہے جس کا غالباً اب وجود باقی نہیں۔"

اس اہم انکشاف نے لسانیات کے عالموں کو زبان کے ارتقا کی اصل حقیقت اور ان کے باہمی رشتوں کے بارے میں اپنے خیالات اور عقائد ہی بدلنے پر مجبور نہیں کیا بلکہ ان کے زاویہ نگاہ اور طریقہ کار میں بھی انقلاب آگیا۔ مگر میں یہ کیا کفر بک رہا ہوں۔ ایک ایسی زبان کا ذکر کر رہا ہوں، جو سر تا پا "ہندوانی" ہے اور اس زمانے میں جب سنسکرت تو سنسکرت بنگالی زبان پر بھی "ہندوانی" ہونے کا فتویٰ لگ رہا ہے۔ حالانکہ وہ اردو کی سگی بہن ہے۔ اس کے خون و پوست کا ایک حصہ ہے اور اس کی پرورش خود بنگال کے مسلمان بادشاہوں نے کی۔

زبان، انسانی تہذیب کا نچوڑ ہے

لسانیات کی طرف سے اپنی غفلت اور بے توجہی کا ذکر کرتے کرتے میں کہاں پہنچ گیا۔ مگر سوال یہ ہے کہ ہم یہ علم کیوں سیکھیں۔ اس بے خبری کے باعث ہمارے کون سے کام بند ہیں۔ میرا مقصد علم لسانیات کی خوبیاں گنوانا نہیں اور نہ میں علم برائے علم کا زیادہ قائل ہوں۔ البتہ میں یہ ضرور کہوں گا کہ علم لسانیات ہماری ایک اہم قومی ضرورت ہے۔ میرا خیال ہے کہ دنیا کا شاید ہی کوئی ملک ہو جسے علم لسانیات کی اتنی ضرورت ہو جتنی پاکستان کو ہے۔ علم لسانیات کے عام نہ ہونے کے باعث اور زبانوں کے بارے میں غیر تاریخی، غیر سائنسی اور مضرت رساں نقطہ نظر کے رواج پا جانے کے باعث ہماری تہذیبی ترقی رکی ہوئی ہے۔ نہیں بلکہ ہماری تہذیب روبہ زوال ہے۔ ہم پیچھے کی طرف جا رہے ہیں۔

ہیگل نے کہا تھا کہ "زبان انسانی تہذیب کا نچوڑ ہے، اس کا عطر ہے۔" زبان سے غفلت برت کر ہم تہذیب کے ان عناصر ترکیبی سے بھی غفلت برت رہے ہیں جن سے

مل کر یہ عطر بنتا ہے۔ بات یہیں ختم نہیں ہو جاتی۔ میرا خیال ہے کہ کسی ملک میں زبان کا مسئلہ اتنا پیچیدہ اور نازک نہیں جتنا ہمارے ملک میں ہے۔ کسی ملک میں یہ مسئلہ اس شدت سے سیاسی مسئلہ نہیں بنا ہے جس شدت سے پاکستان میں۔ یہاں زبان کے مسئلے پر گولیاں چلتی ہیں۔ زبان کے ہزاروں شیدائی جیل جاتے ہیں۔ یہاں خود غرض عناصر لوگوں کے جذبات سے زبان کا سہارا لے کر کھیلتے ہیں اور اس مقدس ترین میراث کو بساط سیاست پر شطرنج کے مہروں کی طرح استعمال کرتے ہیں۔ زبانوں کی پالیاں لگتی ہیں۔ ایک زبان کو دوسری زبان سے لڑایا جاتا ہے۔ بنگالی کو ہندوانی زبان کہہ کر مذہبی تعصب پھیلایا جاتا ہے۔ پشتو کو یہودیوں کی زبان کہہ کر اس سے نفرت دلائی جاتی ہے۔ پنجابی کو گنواروں کی زبان کہا جاتا ہے۔ اردو کو غیر ملکی قرار دیا جاتا ہے۔ جب صورت حال یہ ہو تو یہ کہنا غلط نہ ہو گا کہ کسی ملک کے ریاستی بقا اور یکجہتی کے لئے علم لسانیات کی اتنی ضرورت نہیں جتنی ہم کو ہے۔ اگر ہم نے جلد اس کمی کو پورا نہ کیا تو ہمارا وجود خطرے میں پڑ جائے گا۔

کسی زبان کا مذاق نہ اڑایئے

لسانیات کے مشہور جرمن عالم کارل ووسلز نے کہا تھا کہ جو شخص اپنی زبان سے سچی محبت کرتا ہے، وہ دوسری زبان سے کبھی نفرت نہیں کر سکتا، کیونکہ اسے جس طرح اپنی زبان پیاری ہے، اسی طرح دوسرے کو بھی اپنی زبان پیاری ہے مگر اس منطق تک پہنچنے کے لئے فہم و ادراک اور علم درکار ہے۔ ایسے لوگوں کی کمی نہیں جو اپنی زبان سے حقیقی محبت تو کرتے ہیں مگر دوسروں کی زبان کا مذاق اڑاتے ہیں۔ ایک پنجابی دوست نے مجھے بتایا کہ جب وہ اردو میں بات کرتے ہیں تو ان کے حلق اور جبڑوں میں درد ہونے لگتا ہے اور اردو تقریر سنتے ہیں تو ایسا محسوس ہوتا ہے کہ گویا کان کے پاس قینچی چل رہی ہے جس کے ایک پھل سے ق کی آواز نکلتی ہے اور دوسرے سے ش کی۔ اردو داں حضرات پنجابی

زبان کو ڈھگوں کی زبان سمجھتے ہیں اور اسے بولنا یا سمجھنا اپنی توہین خیال کرتے ہیں اور پشتو تو خیر لٹھ مار زبان ہے ہی (ان حضرات کی نظر میں) اور بنگالی زبان میں رس گلے کی طرح ہر آواز گول گول ہوتی ہے۔ خدا کی پناہ ان لسانی نفرتوں سے! مگر یہ ایک تلخ حقیقت ہے۔ اور اگر ہمیں پاکستان کی بقا اور ترقی منظور ہے تو اس زہریلے سیلاب کو روکنا ہو گا۔

لسانی تعصبات

ظاہر ہے کہ لسانی نفرت کی اس فضا میں ایک دوسرے کی زبان سیکھنے کا کوئی سوال ہی نہیں پیدا ہوتا۔ ہمارا رویہ دوسری زبانوں کے بارے میں آج بھی وہی ہے جو پرانی قوموں کا اپنی ہمسایہ زبانوں کے بارے میں تھا۔ آریائی برہمن سنسکرت کو دیوتاؤں کی زبان سمجھتے تھے اور ملیچھوں کو اسے سننے کی بھی اجازت نہ تھی۔ اگر غلطی سے کوئی شودر سنسکرت کا کوئی اشلوک سن لیتا تھا تو اس کے کان میں پگھلا ہوا سیسہ ڈال دیا جاتا تھا۔ یونانی اپنی زبان کو آسمانی زبان سمجھتے تھے اور کسی دوسرے کی زبان سیکھنا اپنی ہتک۔ عربوں کو اپنی زبان پر اتنا ناز تھا کہ وہ دوسروں کو عجم یعنی گونگا کہتے تھے۔ یورپ والوں نے مدت ہوئی اس تعصب اور تنگ خیالی سے نجات حاصل کرلی۔ آج وہاں کے پڑھے لکھے لوگ اس بات پر فخر کرتے ہیں کہ انہیں فلاں فلاں زبانیں آتی ہیں۔ آج وہاں ایسے لوگ کثرت سے ملیں گے جو کم سے کم تین چار زبانیں ضرور جانتے ہوں۔ فقط یورپ ہی کی زبانیں نہیں بلکہ ایشیا اور افریقہ کی زبانیں بھی۔ اس کے برعکس یہاں کیا حالت ہے۔

یوپی اور پنجاب کے لوگ سات آٹھ سال سے مشرقی بنگال میں مقیم ہیں۔ کچھ مستقل آباد ہو گئے ہیں۔ کچھ نوکری یا تجارت کے سلسلے میں وہاں گئے ہوئے ہیں۔ مگر ان سے پوچھو کیوں جناب آپ کو بنگالی زبان آتی ہے۔ تو شرمانے کے بجائے بڑے فخر سے کہیں گے۔ جی نہیں۔ وہ بھی کوئی زبان ہے جسے سیکھا جائے۔ یوپی کے لاکھوں مہاجر پنجاب

اور سندھ میں آباد ہیں مگر پنجابی یا سندھی سیکھنا ان کی شان کے خلاف ہے۔ البتہ سندھیوں سے یہ توقع رکھتے ہیں کہ وہ اردو سیکھیں۔ یہی حال سرحد میں مقیم پنجابیوں اور یوپی کے لوگوں کا ہے کہ وہ پشتو کے نام سے کانوں پر ہاتھ دھرتے ہیں۔

اردو کے نادان دوست

جہاں تک اردو کا تعلق ہے اس کے نادان دوستوں نے یہاں کے عام لوگوں کو اس سے متنفر کرانے میں کوئی کسر اٹھا نہیں رکھی ہے۔ افسوس اس بات کا ہے کہ جس زبان میں دوسروں کے دلوں میں اتر جانے کی اتنی صلاحیت ہو، اور جس کو لوگ اس پیار سے اپناتے ہوں، گویا وہ انہیں کے گھر میں پلی بڑھی تھی، اس زبان کو اس کے نادان دوستوں کے باعث قدم قدم پر ذلیل وخوار ہونا پڑ رہا ہے۔

ہندوستان میں اردو کا جھگرا ہندی والوں سے تھا۔ ہم سمجھتے تھے کہ ہندی کے حامیوں کی زیادتی ہے۔ ہندی والے ہمیں مورد الزام گردانتے تھے۔ نزاعی بات تھی۔ اس کا فیصلہ کون کرتا۔ مگر اب اردو یہاں آئی ہے تو یہاں اس کے دوست نما دشمنوں کے کارن اس کا جھگڑا کبھی بنگالی سے ہے، کبھی پشتو سے، کبھی سندھی سے، کبھی بلوچی سے اور اردو کے یہ نادان دوست عجیب وغریب ذہنیتیں رکھتے ہیں۔ مثلاً کراچی میں جب پاکستان کی دستور ساز اسمبلی کا اجلاس شروع ہوا تو کئی بنگالی ممبروں نے اپنی تقریر کے دوران میں اردو کے شعر پڑھے۔ اردو کے محاورے استعمال کئے۔ بس پھر کیا تھا۔ یاروں کو ایک کھلونا ہاتھ آگیا۔ اخباروں میں اداریے لکھے گئے کہ دیکھا آپ نے اردو زبان کی عظمت اور مقبولیت کو، اور بنگالی زبان کے دیوالیہ پن کو، کہ وہ لوگ بھی جو اردو کی مخالفت کرتے ہیں اور بنگالی کو ملک کی سرکاری زبان بنانا چاہتے ہیں، غالب اور اقبال کے شعر پڑھنے پر مجبور ہیں۔

گویا اگر میں چاہتا ہوں کہ اردو ملک کی سرکاری زبان ہو تو مجھے نہ انگریزی میں شعر پڑھنے کا حق ہے، نہ پنجابی میں اور نہ بنگالی میں۔ کیا منطق ہے! بجائے اس کے کہ ہم بنگالی ممبروں کے ممنون ہوتے کہ وہ اردو نوازی کرتے ہیں اور اردو میں شعر پڑھتے ہیں، ہم ان پر طعنہ زنی کرتے ہیں اور ان کی اردو دوستی کو بنگالی زبان کی تہی مائیگی پر محمول کرتے ہیں۔ گویا بنگالی میں تو شعر کہے ہی نہیں جا سکتے۔ بجائے اس کے کہ ہم بنگالی زبان یا پنجابی زبان نہ جاننے پر شرمندہ ہوں اور اس کمی کو جلد سے جلد دور کرنے کی کوشش کریں، ہم اُلٹے ان لوگوں کو طعنے دیتے ہیں جو ہماری زبان سیکھتے ہیں اور بسا اوقات ہم سے بہتر انداز میں اسے برتتے بھی ہیں۔

مشکل اردو

ایک اور بھی خطرناک رجحان ہے جس کی طرف اشارہ کرنا ضروری ہے۔ یہ رجحان مشکل اردو کا ہے۔ ہندوستان میں سنسکرت آمیز ہندی کا رواج چل نکلا ہے، چنانچہ سیدھے سادے عام فہم ہندی لفظوں کی جگہ متروک اور بھونڈے سنسکرت آمیز الفاظ کو جان بوجھ کر لوگوں کے سر پر تھوپا جا رہا ہے۔ وہاں کا معقول اور سنجیدہ طبقہ سنسکرت الفاظ کے اس غلط استعمال کی مخالفت کر رہا ہے۔ یہاں کے اردو اخباروں میں بھی گاہے گاہے ہندوستان کے دانشوروں کی اس طفلانہ مگر نقصان دہ حرکت پر اعتراض ہوتے رہتے ہیں اور یہ اعتراض درست ہیں، مگر ہمیں ٹھنڈے دل سے اپنی آنکھ کا شہتیر بھی دیکھنا چاہیئے۔ ہمارے ملک میں بھی آسان اردو کی جگہ آہستہ آہستہ فارسی اور عربی آمیز اردو کا رواج بڑھ رہا ہے۔ جن خیالات کو ادا کرنے کے لئے ہماری زبان میں ہندی لفظ پہلے سے موجود تھے، ان کو ترک کر کے موٹے موٹے عربی کے الفاظ بلاوجہ استعمال کئے جا رہے ہیں۔

ایک اخبار میں لو کی جگہ ضربت الشمس کی ترکیب پڑھ کر میں حیران ہو گیا۔ (جو

شاید سن اسٹروک کا لفظی ترجمہ ہے) ہمارے بعض نوجوان دانشوروں میں بھی یہ وبا پھیلتی جارہی ہے۔ وہ اس بھول میں ہیں کہ بڑے بڑے عربی اور فارسی الفاظ استعمال کرنے سے لوگ ان کی قابلیت سے مرعوب ہو جائیں گے۔ ممکن ہے عام پڑھنے والا مرعوب ہو جائے لیکن متاثر تو نہیں ہو سکتا، ان کے خیالات سے لطف تو نہیں لے سکتا، ان کو قبول تو نہیں کر سکتا۔ زبان کا مقصد اپنے خیالات، احساسات، جذبات اور تجربات کو دوسروں تک پہنچانا ہوتا ہے، ایسی صورت میں یہ ضروری ہے کہ بولنے والا ہو یا لکھنے والا، بولتے اور لکھتے وقت اپنے سننے اور پڑھنے والوں کی ذہنی سطح اور علمی استطاعت کا پورا پورا خیال رکھے۔ ہمارے اخبار، رسالے اور ریڈیو والے اس آسان مگر بنیادی بات کو بھول جاتے ہیں اور اپنی عربی دانی اور فارسی دانی سے ہمیں مرعوب کرنا چاہتے ہیں۔ ان کی بڑی اکثریت کو پوری طرح نہ تو عربی آتی ہے نہ فارسی، اس لئے ان کی تقریروں اور تحریروں میں بڑی بڑی مضحکہ خیز غلطیاں پائی جاتی ہیں۔ انسان کا بڑا کمال یہ ہے کہ وہ سیدھی بات کرے، کلام میں پیچ نہ ڈالے اور زبان ایسی استعمال کرے جسے زیادہ سے زیادہ لوگ آسانی سے سمجھ سکیں۔

ہمارے پرانے ادیبوں اور زبان کے عالموں نے ہمیشہ آسان زبان لکھنے پر زور دیا اور خود بھی آسان زبان لکھی۔ میر امن دہلوی، خواجہ حسن نظامی، رتن ناتھ سرشار، ڈپٹی نذیر احمد، پریم چند اور مرزا سجاد حسین کو چھوڑیے کہ افسانوں اور ناولوں کی زبان عام طور سے آسان ہوتی ہے۔ سر سید احمد خاں، محمد حسین آزاد، مولانا حالی اور ڈاکٹر مولوی عبد الحق کی تحریریں دیکھئے۔ کتنی سلجھی ہوئی اور آسان زبان ہے ان لوگوں کی۔ کتنا رس ہے، کتنی تازگی ہے اور دلکشی ہے ان کی تحریروں میں۔ اگر مشکل اردو لکھنے اور بولنے کے رجحان کی روک تھام نہ کی گئی تو اردو زبان کا بھی عنقریب وہی حشر ہو گا جو ہندی کے نادان

دوستوں کے ہاتھوں ہندی کا ہو رہا ہے۔ اگر عربی اور فارسی کے نامانوس الفاظ اور بھونڈی ترکیبوں کا استعمال یوں ہی بڑھتا رہا تو غالب کا یہ شعر اردو پر حرف بہ حرف صادق آجائے گا،

آگہی دام شنیدن جس قدر چاہے بچھائے
مدعا عنقا ہے اپنی عالم تقریر کا

***

فورٹ ولیم کالج

فورٹ ولیم کالج سرزمین پاک و ہند میں مغربی طرز کا پہلا تعلیمی ادارہ تھا جو لارڈ ویلزلی گورنر جنرل (۱۷۹۸۔۱۸۰۵ء) کے حکم سے ۱۸۰۰ء میں کلکتہ میں قائم ہوا۔ کالج قائم کرنے کا فیصلہ گورنر جنرل با اجلاس نے ۱۰ جولائی ۱۸۰۰/ ۱۷ اصفر 1215ھ کو کیا تھا مگر اس شرط کے ساتھ کہ کالج کا یوم تاسیس ۲۴ مئی ۱۸۰۰ تصور کیا جائے۔ کیونکہ وہ دن سلطان ٹیپو کے دار الحکومت سرنگاپٹم کے سقوط کی پہلی سالگرہ کا دن تھا۔ امانٹگو مری مارٹن مرتب لارڈ ویلزلی کے مراسلات، خطوط اور یادداشت بہ زبان انگریزی، جلد دوم۔ لندن، ۱۸۳۶ صفحہ ۳۵۶ مگر فورٹ ولیم کالج میں باقاعدہ تعلیم ۲۴۔ نومبر ۱۸۰۰ سے شروع ہوئی۔ ۲ڈبلیو ایس سٹین کار مرتب، کلکتہ گزٹ کے منتخبات بہ زبان انگریزی، جلد سوم، کلکتہ، ۱۸۶۸ صفحہ ۱۷

فورٹ ولیم کالج عام طالب علموں کے لئے نہیں کھولا گیا تھا بلکہ مقصد یہ تھا کہ ایسٹ انڈیا کمپنی کے انگریز ملازمین کو، بالخصوص ان ناتجربہ کار سول ملازمین کو جو سولہ سترہ سال کی عمر میں ہندوستان آتے تھے، باقاعدہ تعلیم دے کر کمپنی کے مقبوضات کا نظم و نسق سنبھالنے کے لائق بنایا جائے۔ کالج کا نصاب بہت جامع اور وسیع تھا۔ ہندوستان کی تاریخ، جغرافیہ، مسلم فقہ اور ہندو دھرم، اس ملک کے باشندوں کے رسوم رواج، کمپنی کے آئین وضوابط، گورنر جنرل کے وضع کردہ قوانین، برطانوی آئین اور طرز حکومت، برطانیہ کا

قانون انصاف یہ سب علوم نصاب میں داخل تھے۔ ان کے علاوہ ہندوستانی، فارسی، عربی، بنگالی سنسکرت اور دیگر مشرقی زبانوں کی تعلیم کا خاص اہتمام کیا گیا تھا۔ طلبا کے اخلاق و عادات کی تربیت اور اصلاح بھی کالج کے فرائض میں داخل تھی۔ ۳مانٹگومری مارٹن مرتب، بحوالہ سابقہ، صفحہ ۳۳۰

ایسٹ انڈیا کمپنی ایک تجارتی ادارہ تھی، اس لئے کمپنی کے ملازمین کو ہر وقت اس ملک کے باشندوں سے واسطہ پڑتا تھا اور ان کی زبان اور طور طریقوں سے تھوڑی بہت واقفیت ضرور رکھنی پڑتی تھی۔ ۴محمد عتیق صدیقی، گلکرسٹ اور اس کا عہد علی گڑھ ۱۹۶۰، صفحہ ۴۸ جنگ پلاسی کے بعد جب ۱۷۶۵ء میں بنگال، بہار، بنارس اور اڑیسہ کے علاقے کمپنی کے زیر اقتدار آئے تو کمپنی کے ملازمین کے لئے رعایا کی زبان، مذہبی عقائد اور معاشرتی حالات سے آگاہی اور زیادہ ضروری ہوگئی۔ چنانچہ وارن ہیسٹنگز ۱۷۷۲۔ ۱۷۸۵ء کے زمانے ہی میں ہیڈلے، ڈاکٹر بالفور، مسٹر ولکنس اور ڈاکٹر گلکرسٹ نے کمپنی کے انگریز ملازمین کی سہولت کے لئے لغت، گرامر اور زبان دانی کی کئی کتابیں مرتب کیں۔ کمپنی اپنے سول اور فوجی ملازمین کو ایک معینہ مدت کے لئے تیس روپے ماہانہ منشی الاؤنس بھی دینے لگی تاکہ یہ لوگ منشیوں اور پنڈتوں سے ہندوستانی، فارسی اور دوسری زبانیں سیکھ لیں، ۵ایضاً صفحہ ۵۱ مگر دشواری یہ تھی کہ ہندوستانی منشی اور پنڈت انگریزی زبان سے شاذو نادر ہی واقف ہوتے تھے۔ اس لئے نووارد انگریزوں کو پہلے بول چال کی زبان سیکھنی ہوتی تھی تاکہ منشی سے بات چیت کر سکیں اور اس کی زبان سمجھ سکیں۔ نتیجہ یہ تھا کہ نووارد انگریز ملازمین منشیوں کی خدمات سے بہت کم مستفید ہوتے تھے۔ ۶پروسیڈنگز آف دی جنرل کاؤنسل، مورخہ ۲۱ ستمبر ۱۷۹۸، بحوالہ ایضاً، صفحہ ۱۰۹

لارڈ ویلزلی مئی ۱۷۹۸ء میں گورنر جنرل ہو کر کلکتہ آیا۔ وہ لندن میں ایسٹ انڈیا

کمپنی کے دفتر میں ایک بڑے عہدہ پر فائز رہ چکا تھا اس لئے ہندوستان کے حالات اور کمپنی کے مسائل کے بخوبی واقف تھا۔ اس نے کلکتہ پہنچتے ہی محسوس کر لیا کہ ایسٹ انڈیا کمپنی اب فقط ایک تجارتی ادارہ نہیں رہی بلکہ ہزاروں مربع میل زمین اور لاکھوں باشندوں کی تقدیر اس کے قبضہ میں ہے، لہٰذا کمپنی کے مفاد اور مقبوضات کے نظم و نسق کا تقاضا یہی ہے کہ انگریز ملازمین کی تعلیم کا باقاعدہ انتظام کیا جائے۔ چنانچہ ۲۱ دسمبر ۱۷۹۸ء کی ایک یادداشت میں وہ لکھتا ہے کہ 'سول ملازمین کی تعلیم کے موجودہ نقائص مدت سے میری توجہ کا مرکز ہیں اور میں نے ان نقائص کو دور کرنے کی غرض سے ایک وسیع منصوبے کا بنیادی خاکہ تیار کر لیا تھا اور کونسل کے روبرو اس کا زبانی بھی ذکر کیا تھا، مگر میسور کی جنگ کے باعث اس منصوبے پر فوری عمل نہیں ہو سکا۔ ۷ مانٹگومری مارٹن مرتب، بحوالہ سابقہ، صفحہ ۶۴۹

اس وقت خوش قسمتی سے کلکتے میں کمپنی کے کئی اعلیٰ عہدیدار اور پادری ایسے موجود تھے جن کو لارڈ ویلزلی کے خیالات سے پورا پورا اتفاق تھا اور جو مشرقی زبانوں اور علوم مغربی پر پورا عبور رکھتے تھے۔ ان میں سب سے پیش پیش ڈاکٹر جان گلکرسٹ تھا۔ ڈاکٹر جان گلکرسٹ کو ہندوستانی (اردو) زبان سے والہانہ محبت تھی۔ اس نے گورنر جنرل کو ایک یادداشت بھیجی جس میں لکھا تھا کہ وہ نووارد رائٹروں (انگریز ملازمین) کو روزانہ ہندوستانی زبان کا درس دینے کے لئے تیار ہے۔ لارڈ ویلزلی نے گلکرسٹ کی یہ تجویز منظور کر لی۔

چنانچہ ۲۱ دسمبر ۱۷۹۸ء کو گورنر جنرل باجلاس نے یہ حکم صادر کیا کہ کمپنی کے کسی سول ملازم کو ذمہ داری اور اعتماد کے مخصوص عہدوں پر اس وقت تک متعین نہ کیا جائے جب تک یہ یقین نہ ہو جائے کہ اس نے گورنر جنرل باجلاس کے نافذ کردہ تمام قوانین و

ضوابط سے نیز مختلف مقامی زبانوں سے پوری واقفیت حاصل کرلی ہے۔ نیز یہ کہ پہلی جنوری ۱۸۰۱ سے کوئی سول ملازم بنگال، بہار، اڑیسہ اور بنارس میں اہم عہدوں کا اس وقت تک مستحق نہیں سمجھا جائے گا جب تک کہ وہ قوانین و ضوابط اور مقامی زبانوں کا امتحان پاس نہ کرلے۔ زبانوں کا جاننا ان عہدوں کے لئے بالکل لازمی تھا۔ ۸ ڈبلیو۔ ایس۔ سٹین کار مرتب، بحوالہ سابقہ، ۲۲۔ ۲۳

اس فیصلے کے مطابق لارڈ ویلزلی نے ڈاکٹر گلکرسٹ کو سول ملازمین کو فارسی اور اردو پڑھانے پر مامور کیا کہ یہ دونوں زبانیں کاروبار مملکت کے لئے سب سے ضروری تھیں۔ ۹ ایضاً، صفحہ ۶۲ اس طرح ڈاکٹر گلکرسٹ کی "اورینٹیل سیمنری" وجود میں آئی۔ جنوری ۱۷۹۹ء میں ڈاکٹر گلکرسٹ کو ان سول ملازمین کی فہرست مل گئی جو فارسی اور ہندوستانی سیکھنے کے آرزومند تھے اور فروری ۱۷۹۹ء میں ڈاکٹر گلکرسٹ نے رائٹرس بلڈنگ میں درس دینا شروع کردیا۔ ۱۰ ایضاً، صفحہ ۶۹

ڈاکٹر گلکرسٹ تقریباً ڈیڑھ سال تک سول ملازمین کو ہندوستانی اور فارسی پڑھاتے رہے۔ تب لارڈ ویلزلی کے حکم سے پانچ اعلیٰ افسروں کی ایک کمیٹی نے ۲۱ تا ۲۵ جولائی ۱۸۰۰ء میں طلبا کا امتحان لیا اور مفصل رپورٹ گورنر جنرل کے روبرو پیش کی۔ گورنر جنرل نے کامیاب طلبا میں سے بارہ کو نقد رقم اور تمغے انعام دیے اور ان کی زباں دانی کو سراہا۔ ۱۱ ایضاً، صفحہ ۹۔ ایضاً، صفحہ ۶۲

لیکن یہ عارضی انتظام تھا اور اس سے لارڈ ویلزلی کا مقصد اس کے سوا کچھ نہ تھا کہ جس وسیع تعلیمی منصوبے کا خاکہ اس نے تیار کیا تھا اس کا چھوٹے پیمانے پر تجربہ ہو جائے۔ در اصل ڈاکٹر گلکرسٹ کی "اورینٹیل سیمنری" فورٹ ولیم کالج کی پہلی کڑی تھی۔ اس سے نظم و نسق کی کل ضرورتیں پوری نہیں ہو سکتی تھیں۔ ڈاکٹر گلکرسٹ کو سول ملازمین

پر کوئی اختیار نہیں تھا۔ وہ جب چاہتے لیکچر میں شریک ہوتے، جب چاہتے شریک نہ ہوتے۔ ڈاکٹر گلکرسٹ ان کے اخلاق و عادات کی نگرانی بھی نہیں کر سکتے تھے۔ بڑی مشکل یہ تھی کہ سول ملازمین کو حصول درس کے علاوہ اپنے سرکاری فرائض بھی انجام دینا ہوتے تھے، اس لئے یکسوئی سے پڑھائی نہیں ہو سکتی تھی۔ پھر یہ بھی ہوتا کہ نوجوان ملازمین زبان سیکھنے کے بہانے مفصلات سے کلکتے آجاتے اور اگر کلکتے میں ہوتے تو سبق کا عذر کر کے دفتر سے غائب ہو جاتے اور پھر خوب گل چھرے اڑاتے۔ ۱۲ مانٹگومری مارٹن مرتب، بحوالہ سابقہ، صفحہ ۳۳۱ ظاہر ہے کہ تعلیم کے اس انتظام سے کمپنی کو فائدے کی بجائے نقصان پہنچنے کا اندیشہ بہت قوی تھا۔

یہ تھے وہ اسباب و محرکات جن کے تحت لارڈ ویلزلی نے کالج کے منصوبے کو عملی شکل دینے کا فیصلہ کر لیا۔ اس نے کمپنی کی مجلس نظما کی منظوری بھی حاصل نہیں کیا اور ۱۰ جولائی ۱۸۰۰ء کو فورٹ ولیم کالج کے قیام کا اعلان کر دیا۔ بورڈ سے کالج کے ریگولیشن پر مہر توثیق لگوائی اور انتظامات شروع کر دیے۔ البتہ ایک دن پیشتر جو رپورٹ اس نے نظم و نسق سے متعلق مجلس نظما کو لندن بھیجی اس میں اطلاعاً لکھ دیا کہ گورنر جنرل با اجلاس نے کلکتے میں سول ملازمین کے لئے ایک تعلیمی ادارہ کھولنے کا فیصلہ کر لیا ہے اور یہ کہ اس منصوبے کی تفصیلات بعد میں روانہ کر دی جائیں گی۔ ۱۳ ایضاً، صفحہ ۳۲۳۔۳۲۴

یہ تفصیلات ایک طویل یادداشت کی صورت میں ۱۸ اگست ۱۸۰۰ء کو مجلس نظما کو بھیجی گئیں۔ اس یادداشت میں لارڈ ویلزلی نے کالج کی اہمیت اور افادیت پر مفصل روشنی ڈالی تھی اور کالج کے قوانین و ضوابط کی تشریح کرتے ہوئے یہ تجویز پیش کی تھی کہ ہندوستان آنے والے ہر نئے ملازم کو ہدایت کی جائے کہ وہ فورٹ ولیم کالج میں بھرتی ہو کر پہلے اپنی تعلیم مکمل کرے، اس کے بعد گورنر با اجلاس کو یہ فیصلہ کرنے کا اختیار ہو

کہ طالب علم کس صوبے اور کس عہدے کے لئے زیادہ موزوں ہوگا۔ لارڈ ویلزلی نے کالج کے مصارف کے لئے بنگال اور میسور کی مال گزاری پر کالج ٹیکس لگانے کی اجازت بھی طلب کی تھی۔ ۱۴ایضاً، صفحہ ۳۵۴۔ ۳۵۵فورٹ ولیم کالج کا ریگولیشن ۲۷ دفعات پر مشتمل تھا۔ ۱۵ایضاً، صفحہ، ۳۵۶۔ ۳۶۱اس ریگولیشن کے تحت گورنر جنرل کالج کا سرپرست اور وزیٹر قرار پایا (دفعہ ۴) سپریم کونسل کے ارکان اور دیوانی عدالت کے صدر اور نظامت عدالت کے جج کالج کے گورنر مقرر ہوئے (دفعہ ۵) کالج کا نظم و نسق پانچ ارکان کی ایک مجلس منتظمہ کے سپرد ہوا۔ ۱۶ایضاً، صفحہ ۳۴۷

پہلی مجلس منتظمہ کے ارکان یہ تھے۔ پادری ڈیوڈ براؤن (پرووسٹ کالج)، پادری کلاڈیٹس بکانن (نائب پرووسٹ)، آنریبل آرتھر ویلزلی (جو بعد میں ڈیوک آف ولنگٹن کے لقب سے مشہور ہوا)، سر جارج بارلو (جو بعد میں قائم مقام گورنر جنرل ہوا) اور مسٹر نیل بن جامن ایڈمانسٹن سکریٹری حکومت ۱۷کالج کے ضوابط، ضمیمہ، ایضاً، صفحہ ۳۵۷ کالج کا سب سے بڑا افسر پرووسٹ کہلاتا تھا۔ طے پایا کہ پرووسٹ ہمیشہ برطانوی کلیسا کا پادری ہوگا (دفعہ ۱۱) ریگولیشن کے تحت فورٹ ولیم کالج میں عربی، فارسی، ہندوستانی، سنسکرت، بنگالی، تیلگو، مرہٹی، تامل اور کنڑی زبانوں کے شعبے کھولے گئے۔

اسلامی فقہ ہندو دھرم، اخلاقیات، اصول قانون، برطانوی قانون، گورنر جنرل با اجلاس کے وضع کردہ قوانین اور ریگولیشن، معاشیات، جغرافیہ، ریاضی، یورپ کی جدید زبانیں، یونانی، لاطینی اور انگریزی ادبیات، جدید اور قدیم تاریخ ہندوستان اور دکن کی قدیم تاریخ، طبعیات، نباتات، کمسٹری اور علم نجوم کی تعلیم کا بندوبست کیا گیا (دفعہ ۱۵)، سر جارج بارلر برطانوی ہند کے قوانین و ضوابط کے اعزازی پروفیسر ہوئے۔ اسی طرح مسٹر بن جامن ایڈمانسٹن فارسی کے اعزازی پروفیسر مقرر ہوئے۔ البتہ لیفٹیننٹ جان

بیلی عربی پروفیسر کی تنخواہ سولہ سو روپے ماہانہ تھی اور ڈاکٹر جان گلکرسٹ پروفیسر ہندوستانی کی تنخواہ پندرہ سو روپے ماہانہ تھی۔ اردو ادب کی بعض تاریخوں میں لکھا ہے کہ فورٹ ولیم کالج کے پرنسپل ڈاکٹر جان گلکرسٹ تھے۔ یہ سراسر بے بنیاد اور غلط ہے کیونکہ ڈاکٹر جان گلکرسٹ فقط ہندوستانی کے پروفیسر تھے اور کبھی پرنسپل مقرر نہیں ہوئے۔ در اصل کالج میں پرنسپل کا عہدہ سرے سے موجود ہی نہ تھا۔ فقط پرووسٹ ہوتا تھا جو طلبا کے اخلاق وعادات کی نگرانی کرتا تھا اور کالج کے نظم ونسق کا ذمہ دار تھا۔(۱۸)

ریگولیشن کے مطابق احاطہ بنگال میں متعین ہونے والے تمام نووارد سول ملازمین کے لئے کالج میں تین سال تک تعلیم پانا لازمی تھا (دفعہ ۱۸) تعلیم کے زمانے میں سول ملازمین اپنی ملازمت کے فرائض سے مستثنیٰ کر دیے جاتے تھے (دفعہ ۱۸) احاطہ بنگال کے ان ملازمین کے لئے بھی تین سال کی تعلیم لازمی تھی جن کو ابھی بنگال آئے ہوئے تین سال نہیں گزرے تھے (دفعہ ۱۹) ان کے علاوہ احاطہ بمبئی اور مدراس کے سول اور فوجی ملازمین بھی گورنر جنرل کی اجازت سے کالج میں داخلہ لے سکتے تھے (دفعہ ۲۱۔ ۲۰) طلبا کے قیام وطعام کا انتظام مفت اور کالج کے ذمہ تھا۔ (کالج کے ضوابط ص ۳۴۷) اس کے علاوہ ہر طالب علم کو تین سو روپے ماہانہ جیب خرچ بھی دیا جاتا تھا۔ ۱۸ ایضاً، صفحہ ۳۴۷

کالج میں دو دو ماہ کے چار ٹرم ہوتے تھے۔ پہلا ٹرم فروری اور مارچ کا، دوسرا مئی اور جون کا، تیسرا اگست اور ستمبر کا، چوتھا ٹرم نومبر اور دسمبر کا، ہر ٹرم کے بعد ایک ماہ کی تعطیل ہوتی تھی۔ سال میں دوبار امتحانات ہوتے تھے۔ پہلا دوسرے ٹرم کے بعد اور دوسرا چوتھے ٹرم کے بعد۔ (دفعہ ۲۳ وضیمہ ضوابط ۳)

لارڈ ویلزلی نے کالج کے لئے ایک وسیع عمارت میکڈانلڈ نامی ایک انگریز سے کرائے پر لی۔ ۱۹ بی این بنرجی، ڈان آف نیوز انڈیا بہ زبان انگریزی، کلکتہ ۱۹۲۷، صفحہ

۱۰۰۔۱۰۱

یہ عمارت شہر کے وسط میں تھی اور جب سب انتظامات مکمل ہوگئے تو ۲۴ نومبر ۱۸۰۰ء سے کالج میں باقاعدہ تعلیم شروع ہوگئی۔ پہلے دن فقط عربی کا درس دیا گیا دوسرے دن فارسی کا اور تیسرے دن یعنی ۲۶ نومبر کو ہندوستانی کی باری آئی۔ ۲۰ ڈبلیو ایس سٹین کار مرتب، بحوالہ سابقہ صفحہ ۱۷ کالج میں ایک بڑا کمرہ کھانے کے لئے مخصوص تھا جہاں سب طلبا کے لئے دونوں وقت کھانا لازمی تھا۔ پہلے ٹرم میں طلبا کی کل تعداد ۶۴ تھی۔ ۲۱ مانٹگومری مارٹن مرتب، بحوالہ سابقہ، ۳۷

کالج میں مشرقی زبانوں کی تعلیم پر بہت زور دیا جاتا تھا بالخصوص ہندوستانی اور فارسی پر کیونکہ ہندوستانی زبان شمالی ہند کی بول چال کی زبان تھی اور فارسی پورے ملک میں ہنوز دفتری اور درباری زبان تھی۔ لہٰذا السنہ مشرق کے انگریز پروفیسروں کی مدد کے لئے ہر شعبے میں دیسی منشی اور پنڈت ملازم رکھے گئے۔ ان منشیوں کا کام درس و تدریس میں انگریز استادوں کا ہاتھ بٹانا اور طلبا کے لئے نصاب کی کتابیں تیار کرنا تھا۔ عربی، فارسی، ہندوستانی اور بنگالی کے شعبوں میں ایک ایک چیف منشی ہوتا تھا، اس کی تنخواہ دو سو روپے ماہانہ تھی۔ اس کے ماتحت ایک سیکنڈ منشی ہوتا تھا جس کی تنخواہ ایک سو روپیہ ماہانہ تھی، منشیوں کا انتخاب مقابلے کے امتحان کے ذریعے ہوتا تھا۔ ۲۲ پرسیڈنگز آف دی کالج آف فورٹ ولیم، جلد اول، صفحہ ۶۰۔۶۱

ان کے علاوہ سندی منشی بھی ہوتے تھے جن کو باقاعدہ امتحان پاس کرنا ہوتا تھا۔ یہ سندی منشی کالج کے ملازم نہیں ہوتے تھے البتہ ان کو طلبا کو پرائیویٹ طور پر تعلیم دینے کی اجازت تھی۔ ان کی تنخواہ تیس روپے ماہانہ مقرر تھی جو طلبا اپنی جیب سے دیتے تھے۔ کالج کے ملازم منشیوں کو پرائیویٹ ٹیوشن کی اجازت نہ تھی۔ چیف منشیوں کو اتوار کے

علاوہ ہر روز (چھٹیوں میں بھی) دس بجے سے ایک بجے تک کالج میں حاضر رہنا ہوتا تھا کہ طلبا ان سے استفادہ کر سکیں۔ ۲۳ ایضاً، صفحہ ۶۲۔ ۶۳

ہندوستانی، فارسی اور عربی کے منشی چونکہ کلکتہ میں کمیاب تھے، اس لئے لکھنؤ اور دہلی کے ریڈیز نٹوں کو اپنے علاقے کے لائق منشی تلاش کر کے بھیجنے کی ہدایت کی گئی۔

ابتدا میں فارسی کے بیس، ہندوستانی کے بارہ، بنگالی کے چھ اور عربی کے چار منشی مقرر ہوئے۔ ۲۴ بنر جی، بحوالہ سابقہ صفحہ ۱۰۲ لیکن ہندوستانی زبان کی مقبولیت کے پیش نظر جلد ہی ہندوستانی منشیوں کی تعداد ۲۵ تک پہنچ گئی۔ (گلکرسٹ اور اس کا عہد ص ۱۵۵) ڈاکٹر گلکرسٹ کی تجویز پر ہندوستانی کے شعبے میں ایک قصہ خواں بھی مقرر ہوا جو طلبا کو ان کی قیام گاہ پر جا کر داستانیں اور قصے سناتا تھا۔ ۲۵ محمد عتیق صدیقی، بحوالہ سابقہ، صفحہ ۱۵۹

ہندوستانی زبان کے چیف منشی میر بہادر علی حسینی مصنف اخلاق ہندی و نقلیات لقمانی تھے۔ ان کا تقرر ۲۶ اپریل ۱۸۰۱ء کو ہوا۔ ان کے سیکنڈ منشی تارنی چرن منر تھے۔ عام منشیوں میں قابل ذکر میر امن دہلوی مصنف باغ و بہار، حیدر بخش حیدری مصنف آرائش محفل و طوطا کہانی، کاظم علی جواں مصنف سنگھاسن بتیسی و بارہ ماسہ، میر شیر علی افسوس مصنف باغ اردو، مظہر علی ولا مصنف بیتال پچیسی و مادھونل، للولال کوی مصنف پریم ساگر اور خلیل علی خان اشک مصنف داستان امیر حمزہ ہیں۔ ۲۶ بنر جی، صفحہ ۱۱۱۔ ۱۱۲ اور محمد عتیق صدیقی، بحوالہ سابقہ صفحہ ۱۹۸۔ ۱۹۹

طلبا کی ضروریات کے لئے ایک کتب خانہ بھی قائم کیا گیا۔ کتب خانے میں مغربی زبانوں کی مطبوعہ کتابوں کے علاوہ مشرقی زبانوں کے قلمی نسخوں کا بھی اچھا خاصا ذخیرہ تھا۔ سلطان ٹیپو کا سارا کتب خانہ جو سرنگاپٹم سے کلکتے لایا گیا تھا کالج کے حوالے کر دیا گیا۔

۲۷ مانٹگومری مارٹن مرتب بحوالہ سابقہ، صفحہ ۳۵۲۔ ۳۵۳ ابتدا میں طلبا کو کتابیں گھر لے جانے کی اجازت تھی، مگر جب طلبا کی بے پروائی سے نایاب مخطوطات گم ہونے لگے تو اگست ۱۸۰۷ء میں کتابیں لائبریری کے باہر لے جانے کی ممانعت ہوگئی۔ فورٹ ولیم کالج کی لائبریری اپنے زمانے میں برصغیر پاک وہند کی سب سے بڑی لائبریری تھی۔ اس میں ۱۸۳۵ء میں ۵۲۲۴ مطبوعہ مغربی کتابیں، ۱۱۷۱۸ مطبوعہ مشرقی کتابیں اور ۴۲۲۵ قلمی کتابیں تھیں۔ ۲۸ بنرجی، بحوالہ سابقہ، صفحہ ۱۰۷ ۱۸۳۶ء میں قلمی کتابیں ایشیاٹک سوسائٹی آف بنگال کے کتب خانے میں منتقل کردی گئیں۔

کالج میں تقسیم اسناد کا جشن (کانووکیشن) بڑی دھوم دھام سے منایا جاتا تھا۔ اس کے لئے ضابطے کے مطابق ۶ فروری کا دن مخصوص تھا۔ جلسے کی صدارت گورنر جنرل کرتا تھا۔ اس موقعے پر کامیاب طلبا کو سندیں دی جاتی تھیں۔ یہ سندیں اسی مشرقی زبان میں سنہرے حروف میں لکھی ہوتی تھیں جس میں طالب علم نے امتحان دیا ہوتا۔ تمغے اور نقد انعامات بھی دیے جاتے تھے اور سب سے دلچسپ بات یہ ہے کہ جلسہ عام میں طلبا کے درمیان مباحثے ہوتے تھے۔ یہ مباحثے فارسی، ہندوستانی اور بنگالی زبانوں میں ہوتے تھے۔ طریقہ یہ تھا کہ ایک طالب علم مقررہ موضوع کی حمایت میں لکھی ہوئی تقریر کرتا اور دو طالب علم موضوع کی مخالفت میں لکھی ہوئی تقریریں کرتے۔ متعلقہ زبان کا پروفیسر ماڈریٹر کے فرائض انجام دیتا تھا۔ یہ تقریریں بعد میں کتابی شکل میں شائع کردی جاتی تھیں۔ ان تقریروں پر طلبا کو انعام دیا جاتا تھا۔ ۲۹ کالج کے ضوابط، بحوالہ سابقہ، دفعہ ۵،۶، ۸ مباحثوں کے اختتام پر گورنر جنرل کامیاب طلبا کو سندیں دیتا تھا اور جلسے سے خطاب کرتا تھا۔

ہندوستانی اور فارسی کے طلبا میں اول، دوم اور سوم آنے والے طلبا کو علی الترتیب پندرہ سو روپے، ایک ہزار روپے اور پانچ سو روپے اور طلائی تمغہ انعام ملتا تھا۔ البتہ بنگالی میں اول اور دوم کو، عربی میں فقط اول کو انعام دیا جاتا تھا۔ ان کے علاوہ فارسی نویسی اور ناگری نویسی کے ایک ایک ہزار روپے کے تین انعام تھے۔ ۳۰ڈبلیو ایس سٹین کا مرتب بحوالہ سابقہ صفحہ ۲۹۶۔۲۹۷

اسی روز رات کے وقت گورنر جنرل کی طرف سے کالج میں ایک پر تکلف دعوت ہوتی تھی جس میں گورنر جنرل اور کمپنی کے اعلیٰ عہدیداروں کے علاوہ اساتذہ اور عمائد شہر بھی مدعو ہوتے تھے۔ ۳۱ایضاً، صفحہ ۲۹۹

فورٹ ولیم کالج فقط تعلیمی ادارہ نہ تھا بلکہ اپنے زمانے میں تصنیف و تالیف کا سب سے بڑا مرکز بھی تھا۔ اساتذہ اور منشی صاحبان درس دینے کے علاوہ طلبا کے لئے کتابیں بھی لکھتے تھے۔ چنانچہ فورٹ ولیم کالج میں لغتیں، تواریخ، اخلاقی، مذہبی اور قصوں کہانیوں کی کتابیں بڑی تعداد میں تیار ہوئیں۔ یہ کتابیں زیادہ تر اساتذہ اور منشیوں کی تصنیف ہیں، لیکن دوسرے مصنفوں کی کتابیں بھی منظور کی جاتی تھیں مثلاً باسط خاں کی "گل صنوبر" شاکر علی کی "الف لیلا" نہال چند لاہوری کا قصہ "گل بکاؤلی"، مرزا علی لطف کی "گلشن ہند" کالج کے زیر اہتمام چھپیں حالانکہ ان کتابوں کے مصنفین کالج سے وابستہ نہ تھے۔ ۳۲محمد عتیق صدیقی، بحوالہ سابقہ، صفحہ ۲۰۰ ان کے علاوہ کلیات سودا اور مسکین کا مرثیہ بھی کالج میں چھپا۔ اردو کے علاوہ فارسی میں برہان قاطع (فارسی کا لغت ۱۸۱۸ء)، انوار سہیلی (۱۸۰۵) دبستان مذاہب، از شیخ محمد محسن (۱۸۰۹) ہدایہ (۱۸۰۷) عربی میں منتخب اللغات (۱۸۱۸)، قاموس (۱۸۱۷)، الف لیلا (۱۸۱۴۔۱۸۱۸)، مقامات حریری، (۱۸۱۲) اور تاریخ تیمور (۱۸۱۸)، مشکوۃ (انگریزی میں ۱۸۰۹) پنجابی زبان کی گرامر،

(۱۸۱۴) حتی کہ چینی، ملائی اور برمی زبانوں کے لغت بھی شائع ہوئے۔

مصنفین کی حوصلہ افزائی کے لئے منظور شدہ تصنیف پر انعام بھی دیا جاتا تھا۔ کالج کے باقاعدہ ملازمین کو کم اور باہر والوں کو زیادہ۔ مثلاً بوستان (۳۰۰ صفحے) کے اردو مترجم حاجی مرزا مغل کو چار سو روپے انعام دیا گیا۔ ۳۳محمد عتیق صدیقی، بحوالہ سابقہ، صفحہ ۱۷۷ فورٹ ولیم کالج کی تخلیقی سرگرمیوں کا اندازہ اس بات سے ہو سکتا ہے کہ ابتدائی چار برس میں فقط ہندوستانی زبان کی ۹۳ کتابیں تصنیف ہوئیں۔ ۳۴ایضاً، صفحہ ۳۸ یہ کتابیں زیادہ تر اردو رسم الخط میں تھیں البتہ بعض کتابوں میں خفیف سی تبدیلی کر کے ناگری رسم الخط میں بھی چھاپا جاتا تھا۔ اردو کی کتابیں ناگری کی مانند ٹائپ میں چھپتی تھیں۔ یہ ٹائپ نستعلیق کا تھا۔

فورٹ ولیم کالج کا پہلا کنووکیشن ۶ فروری ۱۸۰۲ء کو ہوا۔ اس تقریب کی صدارت سر جارج بارلو قائم مقام گورنر جنرل نے کی کیونکہ لارڈ ویلزلی ان دنوں دورے پر گیا ہوا تھا۔ اس موقع پر فارسی مباحثے کا موضوع یہ تھا کہ "ہندوستان میں ایک اعلیٰ تعلیمی ادارے کا قیام۔ برطانوی قوم اور دیسی لوگ (نیٹو) دونوں کے لئے مفید ہے" ہندوستانی مباحثے کا موضوع تھا، "ہندوستانی زبان ہندوستان کی سب سے عام فہم اور مفید زبان ہے۔" اور بنگالی مباحثے کا موضوع یہ تھا، "ایشیا والوں میں تہذیب کی اتنی ہی صلاحیت ہے جتنی یورپ والوں میں۔" ۳۵بنرجی بحوالہ سابقہ، صفحہ ۱۱۴۔ ۱۱۶

کالج کے مصارف کے لئے ابتدا میں لارڈ ویلزلی نے سول ملازمین سے عطیات حاصل کئے پھر چنگی اور محصول کا ایک ریگولیشن نافذ کیا۔ اس مد سے پہلے ہی سال بارہ لاکھ ستر ہزار روپے وصول ہوئے۔ کالج کے سالانہ مصارف تقریباً چار لاکھ روپے تھے البتہ

پہلے سال چھ لاکھ تیس ہزار خرچ ہوئے۔ پروفیسروں اور منشیوں کی تنخواہوں پر تقریباً ایک لاکھ روپے سالانہ خرچ آتا تھا۔ ۳۶ مانٹگومری مارٹن مرتب بحوالہ سابقہ صفحہ ۶۴۲

ابھی کالج کو کھلے ہوئے فقط ایک سال اور دو مہینے ہی گزرے تھے کہ کمپنی کی مجلس نظما نے ۲۷ جنوری ۱۸۰۲ء کو یہ فیصلہ کیا کہ کالج فوراً بند کر دیا جائے اور اس کی جگہ ڈاکٹر گلکرسٹ کی "اورینٹل سمینری" کو دوبارہ بحال کیا جائے۔ ۳۷ ایضاً، صفحہ ۶۴۰ مجلس نظما کی رائے میں باقاعدہ کالج کا قیام محض فضول خرچی ہے۔ مجلس نظما کا یہ حکم لارڈ ویلزلی کو ۱۰ جون ۱۸۰۲ء کو وصول ہوا۔

لارڈ ویلزلی کو مجلس نظما کے اس فیصلے پر بڑی حیرت ہوئی۔ اس نے کالج بند نہیں کیا بلکہ ۵ اگست ۱۸۰۲ء کو ایک طویل یادداشت لندن روانہ کی۔ اس یادداشت میں ویلزلی نے کمپنی کے اعتراضات کا مدلل جواب دیا اور کالج کی اہمیت نہایت تفصیل سے بیان کی۔ مصارف کے بارے میں اس نے لکھا کہ کالج پر کمپنی کی کوئی رقم صرف نہیں ہوتی۔ آخر میں اس نے مجلس نظما سے درخواست کی تھی کہ کالج بند نہ کیا جائے۔ ۳۸ ایضاً، صفحہ ۶۶۲

لارڈ ویلزلی نے اسی پر اکتفا نہیں کی بلکہ اپنے ایک بااثر دوست کے ذریعے کمپنی کے ارباب اختیار کو اپنے اس ارادے سے بھی آگاہ کر دیا کہ "کورٹ نے اگر بالآخر کالج توڑنے کا فیصلہ کر ہی لیا تو انگلستان لوٹتے ہی پارلیمنٹ میں تجویز پیش کروں گا کہ قانون کے ذریعے کالج کی تجدید کی جائے۔" ۳۹ آر آر پیرز مرتب رچرڈ مارکویز ویلزلی کی یادداشتیں اور مراسلات بہ زبان انگریزی، لندن، ۱۸۶۴ء، جلد دوم، صفحہ ۲۱۱۔ ۲۱۳ لیکن اس کی نوبت نہیں آئی مجلس نظما نے ۲ ستمبر ۱۸۰۳ء کو یہ تجویز منظور کر لی کہ کالج تا حکم ثانی بدستور چلتا رہے۔ ۴۰ بنرجی، بحوالہ سابقہ، صفحہ ۱۲۴

فورٹ ولیم کالج کا بانی اور روح رواں لارڈ ویلزلی تھا۔ جب تک وہ گورنر جنرل رہا، کالج کی سرگرمیوں میں کوئی کمی نہیں ہونے پائی۔ کالج میں تصنیف و تالیف کا عہد عروج بھی یہی تھا۔ مگر لارڈ ویلزلی ۲۹ اگت ۱۸۰۵ کو مستعفی ہو کر ولایت چلا گیا اور اس کے جانشینوں میں کوئی اتنا بااثر نہ تھا جو مجلس نظما کی مخالفتوں کا مقابلہ کر سکتا یا جسے کالج سے وہ دلچسپی ہوتی جو لارڈ ویلزلی کو تھی۔

لارڈ ویلزلی کے مستعفی ہونے کے کچھ دن بعد کمپنی کی مجلس نظما نے ۲۱ مئی ۱۸۰۶ کو یہ فیصلہ کیا کہ ملازمین کی تعلیم کے لئے انگلستان ہی میں ایک کالج ہیلی بری کے مقام پر قائم کیا جائے۔ ۴۱ ایضاً، صفحہ ۱۲۵ اس کے ساتھ کلکتہ کو یہ ہدایت بھی بھیج دی گئی کہ جنوری ۱۸۰۷ سے فورٹ ولیم کالج کے اخراجات کم کر دیے جائیں چنانچہ پرووسٹ اور نائب پرووسٹ کے عہدے توڑ دیے گئے۔ مشرقی زبانوں کی تعلیم کا نصاب گھٹا کر ایک سال کا کر دیا گیا۔ پنڈتوں اور منشیوں کی تعداد میں بھی تخفیف ہوگئی اور کالج کا عملہ مختصر کر دیا گیا۔ ۴۲ ایضاً۔

لارڈ ولیم بنٹک ۱۸۲۷۔ ۱۸۳۵ء کے عہد میں کالج کے مصارف اور کم کر دیے گئے۔ چنانچہ یکم جون ۱۸۳۰ء سے کالج میں فقط ایک انگریز سکریٹری اور تین ممتحن رہ گئے۔ لیکچروں کا سلسلہ بھی منقطع ہو گیا۔ پروفیسروں اور منشیوں کے عہدے توڑ دیے گئے اور کالج برائے نام رہ گیا۔ آخر ۱۸۵۴ میں کالج کو بورڈ آف ایگزامنر میں ضم کر دیا گیا اور فورٹ ولیم کالج کا وجود بالکل ختم ہو گیا۔ ۴۳ ایضاً، صفحہ ۱۲۶

فورٹ ولیم کالج نے اپنی ۵۴ سالہ زندگی میں مشرقی علوم والسنہ بالخصوص اردو زبان وادب کی بڑی خدمت کی۔ گو یہ تعلیمی ادارہ انگریزوں کے لئے قائم کیا گیا تھا اور کالج کے زیر اہتمام جو کتابیں لکھی جاتی تھیں وہ انگریزوں کے مذاق اور ان کی ضرورت کے پیش

نظر لکھی جاتی تھیں لیکن کالج کے قیام سے مغربی طرز کی درسگاہ کی جو روایت ہمارے ملک میں قائم ہوئی، اس کے دور رس اثرات ایک تاریخی حقیقت ہیں۔ کالج کو ادبی اور علمی تصنیفات سے ہماری زبان اور ادب میں ایک نئے اور درخشاں باب کا آغاز ہوا۔

فورٹ ولیم کالج سے پیشتر اردو نثر کی کوئی کتاب بول چال کی آسان زبان میں موجود نہ تھی۔ اس لئے یہ کہنا بے جا نہ ہو گا کہ جدید اردو نثر کی بنیاد فورٹ ولیم کالج میں پڑی، چنانچہ کالج کی تصنیفات نے زبان اور بیان کا سانچا ہی بدل دیا۔ کالج کے منشیوں نے اردو نثر میں ایسی ابدی تخلیقات پیش کیں جن کا شمار ہمارے کلاسیکس میں ہوتا ہے۔ فورٹ ولیم کالج سے پیشتر اردو نثر اور نظم کی کتابیں قلمی ہوتی تھیں اس لئے عام لوگ ان سے محروم رہتے تھے۔ فورٹ ولیم کالج کی بدولت اردو کتابیں ہزاروں کی تعداد میں چھاپے خانوں میں چھپنے لگیں۔ اس طرح اردو پڑھنے والوں کا حلقہ بہت وسیع ہو گیا۔ حقیقت یہ ہے کہ جب تک اردو زبان و ادب زندہ ہیں، فورٹ ولیم کالج کا نام بھی زندہ اور تابندہ رہے گا۔

حوالہ جات

(۱) مانٹگومری مارٹن (مرتب) لارڈ ویلزلی کے مراسلات، خطوط اور یادداشت (بہ زبان انگریزی)، جلد دوم۔ (لندن، ۱۸۳۶) صفحہ ۳۵۶

(۲) ڈبلیو ایس سٹین کار (مرتب)، کلکتہ گزٹ کے منتخبات (بہ زبان انگریزی)، جلد سوم، (کلکتہ، ۱۸۶۸) صفحہ ۱۷

(۳) مانٹگومری مارٹن (مرتب)، بحوالہ سابقہ، صفحہ ۳۳۰

(۴) محمد عتیق صدیقی، گلکرسٹ اور اس کا عہد (علی گڑھ ۱۹۶۰)، صفحہ ۴۸

(۵) ایضاً۔ صفحہ ۵۱

(٦) پروسیڈ نگز آف دی جنرل کاؤنسل، مورخہ ۲۱ ستمبر ۱۷۹۸ء، بحوالہ ایضاً، صفحہ ۱۰۹

(۷) مانٹگو مری مارٹن (مرتب)، بحوالہ سابقہ، صفحہ ۶۴۹

(۸) ڈبلیو۔ ایس۔ سٹین کار (مرتب)، بحوالہ سابقہ، ۲۲۔۲۳

(۹) ایضاً، صفحہ ٦۲

(۱۰) ایضاً، صفحہ ٦۹

(۱۱) ایضاً، صفحہ ۹۔ ایضاً، صفحہ ٦۲

(۱۰) ایضاً، صفحہ ٦۹

(۱۱) ایضاً، صفحہ ۵۸۔٦۵

(۱۲) مانٹگو مری مارٹن (مرتب)، بحوالہ سابقہ، صفحہ ۳۳۱

(۱۳) ایضاً، صفحہ ۳۲۳۔۳۲۴

(۱۴) ایضاً، صفحہ ۳۵۴۔۳۵۵

(۱۵) ایضاً، صفحہ ،۳۵٦۔۳٦۱

(۱٦) ایضاً، صفحہ ۳۴۷

(۱۷) کالج کے ضوابط، ضمیمہ، ایضاً، صفحہ ۳۵۷

(۱۸) ایضاً، صفحہ ۳۲۷۔۳۵۷

(۱۹) ایضاً، صفحہ ۳۴۷

(۲۰) بی این بنرجی، ڈان آف نیوز انڈیا (بہ زبان انگریزی)، (کلکتہ ۱۹۲۷ء)، صفحہ ۱۰۰۔۱۰۱

(۲۱) ڈبلیو ایس سٹین کار (مرتب)، بحوالہ سابقہ صفحہ ۱۷

(۲۲) مانٹگومری مارٹن (مرتب)، بحوالہ سابقہ، ۴۳

(۲۳) پرسیڈنگز آف دی کالج آف فورٹ ولیم، جلد اول، صفحہ ۶۰۔۶۱

(۲۴) ایضاً، صفحہ ۶۲۔۶۳

(۲۵) بنرجی، بحوالہ سابقہ صفحہ ۱۰۲

(۲۶) محمد عتیق صدیقی، بحوالہ سابقہ، صفحہ ۱۵۹

(۲۷) بنرجی، صفحہ ۱۱۱۔ ۱۱۲اور محمد عتیق صدیقی، بحوالہ سابقہ صفحہ ۱۹۸۔۱۹۹

(۲۸) مانٹگومری مارٹن (مرتب) بحوالہ سابقہ، صفحہ ۳۵۲۔۳۵۳

(۲۹) بنرجی، بحوالہ سابقہ، صفحہ ۱۰۷

(۳۰) کالج کے ضوابط، بحوالہ سابقہ، دفعہ ۵، ۶، ۸

(۳۱) ڈبلیو ایس سٹین کار (مرتب) بحوالہ سابقہ صفحہ ۲۹۶۔۲۹۷

(۳۲) ایضاً، صفحہ ۲۹۹

(۳۳) محمد عتیق صدیقی، بحوالہ سابقہ، صفحہ ۲۰۰

(۳۴) بنرجی بحوالہ سابقہ، صفحہ ۱۱۳۔ ۱۱۴

(۳۵) محمد عتیق صدیقی، بحوالہ سابقہ، صفحہ ۱۷۷

(۳۶) ایضاً، صفحہ ۳۸

(۳۷) بنرجی بحوالہ سابقہ، صفحہ ۱۱۴۔ ۱۱۶

(۳۸) مانٹگومری مارٹن (مرتب) بحوالہ سابقہ صفحہ ۶۴۲

(۳۹) ایضاً، صفحہ ۶۴۰

(۴۰) ایضاً، صفحہ ۶۶۲

(۴۱) آر آر پیرز (مرتب) رچرڈ مارکویز ویلزلی کی یادداشتیں اور مراسلات (بہ زبان

انگریزی)، (لندن، ۱۸۶۴)، جلد دوم، صفحہ ۲۱۱۔۲۱۳

(۴۲) بنرجی، بحوالہ سابقہ، صفحہ ۱۲۴

(۴۳) ایضاً، صفحہ ۱۲۵

(۴۴) ایضاً۔

(۴۵) ایضاً، صفحہ ۱۲۶

***

لوح و قلم کا معجزہ

اگر تم میری ہدایتوں پر عمل کرو گے تو صاحب ہنر محرر بن جاؤ گے۔ وہ اہل قلم جو دیوتاؤں کے بعد پیدا ہوئے آئندہ کی باتیں بتا دیتے تھے۔ گو وہ اب موجود نہیں ہیں لیکن ان کے نام آج بھی زندہ ہیں اور ہمیشہ زندہ رہیں گے۔ انہوں نے اپنے لئے اہرام نہیں بنائے اور نہ اس قابل ہوئے کہ اپنی اولاد کے لئے دولت چھوڑ جاتے۔ لیکن ان کی وارث ان کی تحریریں تھیں جن میں دانائی کی باتیں لکھی تھیں۔ وہ اپنی لوحوں اور نرسل کے قلموں کو اپنی اولاد سے زیادہ چاہتے تھے اور پتھر کی پشت کو بیوی سے زیادہ پیار کرتے تھے۔ گو انہوں نے اپنا جادو سب سے چھپایا لیکن یہ راز ان کی تحریروں سے معلوم کیا جا سکتا ہے۔ گو وہ اب زندہ نہیں ہیں لیکن ان کی تحریریں لوگ اب بھی یاد رکھتے ہیں۔ پس یاد رکھو تمہیں بھی تحریر کا علم حاصل کرنا ہوگا کیونکہ کتاب عالیشان مقبرے سے زیادہ اثر رکھتی ہے۔

(۱۲ویں صدی قبل مسیح کی ایک مصری تحریر)

علماء آثار کی تحقیق شاہد ہے کہ تحریر کا فن سب سے پہلے دجلہ و فرات کی وادی ہی میں وضع ہوا۔ گو مصریوں اور پھر فونیقیوں نے بھی یہ ہنر جلد ہی سیکھ لیا لیکن اولیت کا شرف بہر حال قدیم عراقیوں ہی کو حاصل ہے اور اگر ان لوگوں نے بنی نوع انسان کو علم اور معرفت کا کوئی اور تحفہ عطا نہ کیا ہو تب بھی ان کا یہ کارنامہ ایسا ہے جسے ہم کبھی

فراموش نہیں کر سکتے۔ یہ انقلابی ایجاد اب سے ساڑھے پانچ ہزار برس پیشتر سومیر کے شہر اریک کے معبد میں ہوئی۔ ایرک اس وقت عراق کا سب سے خوشحال اور ترقی یافتہ شہر تھا۔ چنانچہ داستان گل گامش کا مصنف ایرک کا قصیدہ ان لفظوں میں کہتا ہے،

شہر پناہ کی دیوار پر نظر ڈالو
اس کی لگر تانبے کی مانند جھلکتی ہے
اور اندرونی دیوار دیکھو جس کی نظیر نہیں
آستانے کو چھوؤ جو بہت قدیم ہے
ای انّا کے قریب جاؤ جو عشتار دیوی کا مسکن ہے
ایرک کی دیوار پر چڑھو اور میں کہتا ہوں اس پر چلو بھی
کرسی کے چبوترے کو غور سے دیکھو
اور چنائی کو جانچو
کیا یہ چنائی پکی اینٹوں سے نہیں ہوئی ہے؟

اس شہر کی عظمت کی نشانی ورقہ کے وہ کھنڈر ہیں جو چھ میل کے دائرے میں پھیلے ہوئے ہیں۔ ان کھنڈروں کی کھدائی جرمنوں نے ۱۹۲۴ء میں شروع کی تھی مگر وہ پندرہ سال کی مسلسل محنت کے باوجود کام مکمل نہ کر سکے۔ ماہرین آثار کا تخمینہ ہے کہ اس شہر کی کھدائی کے لئے تقریباً نصف صدی درکار ہو گی۔

ورقہ کے ٹیلوں کی کھدائی میں جرمنوں نے پچاس فٹ کی گہرائی پر ایک زیکورات دریافت کیا۔ یہ زیکورات ۳۵ فٹ اونچا تھا اور مٹی کے ردوں کو رال سے جوڑ کر بنایا گیا تھا۔ دیواروں کی زیبائش کے لئے مٹی کے چھوٹے چھوٹے تکونے ٹکڑے استعمال کئے گئے تھے۔ ان تکونوں کو رنگ کر آگ میں پکایا گیا تھا اور پھر گیلی دیواروں پر چپکا دیا گیا تھا۔

اس کی وجہ سے دیواریں بڑی خوشنما معلوم ہوتی تھیں۔ زیکورات کے ملبوں میں ماہرین آثار کو کارتوس نما کئی مہریں بھی ملی ہیں جن پر مناظر کندہ ہیں۔ ایک مہر پر قیدیوں کو قتل ہوتا دکھایا گیا ہے۔ ایک مہر پر مویشیوں کے جھنڈ بنے ہیں۔ ایک مہر پر شیر چوپایوں پر حملہ کر رہا ہے۔ ایک مہر پر پروہت کوئی مذہبی ناچ ناچ رہے ہیں، اور بالکل برہنہ ہیں، لیکن ان مہروں سے بھی زیادہ قیمتی مٹی کی وہ تختی ہے جس پر تصویری حروف کندہ ہیں۔ اس تختی پر ایک بیل کا سر، ایک مرتبان کی شکل اور کئی قسم کی بھیڑیں بنی ہوئی تھیں اور دو مثلث بھی کھنچے تھے۔ یہ انسان کی سب سے پہلی تصویری تحریر تھی جو ۳۵۰۰ق۔م کے قریب لکھی گئی۔

لوح پر کندہ کی ہوئی یہ تصویریں بظاہر سامنے کی چیز معلوم ہوتی ہیں اور ان کا مفہوم کافی واضح ہے لیکن ہیں یہ علامتیں اور ان علامتوں میں حروف کا سا تجریدی عمل بھی موجود ہے۔ مثلاً مرتبان کی شکل فقط مرتبان کی علامت نہیں ہے کہ بلکہ مرتبان میں رکھی ہوئی کسی چیز کا، گھی تیل وغیرہ کا وزن بھی بتاتی ہے۔ ان تصویروں سے صاف پتہ چلتا ہے کہ تختی پر مندر کی املاک کا کوئی حساب درج ہے۔ اسی زمانے کی کچھ اور تختیاں جمدۃ النصر اور دوسرے مقامات پر بھی ملی ہیں۔ ان پر بھی اس قسم کے حسابات لکھے ہیں۔

دراصل تحریر کا فن مندروں کی معاشی ضرورتوں کے باعث وجود میں آیا۔ مندر کی دولت چونکہ دیوتاؤں کی ملکیت ہوتی تھی، اس لئے پروہتوں کو اس کا باقاعدہ حساب رکھنا ہوتا تھا۔ زرعی پیداوار کا حساب، بیج، آلات اور اوزار کا حساب، چڑھاوے اور قربانی کا حساب، کاریگروں کی مزدوری کا حساب، اشیا برآمد و درآمد کا حساب، غرض کہ آمدنی اور خرچ کی درجنوں مدیں تھیں اور ذہین سے ذہین پروہت بھی اس وسیع کاروبار کا حساب اپنے ذہن میں محفوظ نہیں رکھ سکتا تھا۔ دوسری بات یہ ہے کہ حسابات کوئی نجی معاملہ نہ

تھے۔ بلکہ سیکڑوں ہزاروں آدمیوں کی معاش ان سے وابستہ تھی۔ تیسرے یہ کہ خرید و فروخت کا سلسلہ فقط ایک شہر ار یک تک محدود نہ تھا بلکہ دوسرے شہروں سے بھی تجارتی تعلقات رکھنے پڑتے تھے۔ اس لئے تحریری علامتوں کو پورے ملک کی مروجہ علامتیں بنانا ضروری تھا۔

لیکن ان تصویری حروف کی خرابی یہ تھی کہ وہ فقط اشیا کی علامت بن سکتے تھے۔ کسی خیال یا جذبے کی نمائندگی نہیں کر سکتے تھے۔ کوئی ہدایت نہیں دے سکتے تھے اور نہ کوئی سوال پوچھ سکتے تھے۔ تحریر کا فن حقیقی معنی میں تحریر کا فن اس وقت بنا جب اشیا کی تصویریں اشیا کی علامت کے بجائے ان کے نام کی آوازوں کی علامت بن گئیں۔ یہ کٹھن مرحلہ بھی اہل سومیر نے خود ہی طے کر لیا۔ چنانچہ شہر شروپک (فارا) سے بڑی تعداد میں جو لوحیں بر آمد ہوئی ہیں، ان کے تصویری حروف اشیا کے ناموں کی نمائندگی بھی کرتے ہیں۔ مثلاً یہ علامت داڑھی دار سر کی بھی ہے اور کا کی بھی جو سر کا سومیری تلفظ ہے اور بولنا چیخنا کی بھی۔ اسی طرح پیر کی علامت پیر کی نمائندہ بھی تھی۔ دو کی بھی جو پیر کا سومیری تلفظ ہے اور پیر سے متعلق حرکات گب (کھڑا ہونا) گن (جانا) اور توم (آنا) کی آوازوں کی بھی۔

ایرک کے دور میں تصویری حروف کی تعداد دو ہزار سے بھی زیادہ تھی لیکن رفتہ رفتہ ان میں تخفیف ہوتی گئی۔ چنانچہ شروپک کی لوحوں میں جو ۳ ہزار ق۔ م کی ہیں حروف کی تعداد گھٹ کر فقط آٹھ سورہ گئی۔ شروپک کی لوحوں پر بھی مندر کے حسابات ہی کندہ ہیں۔ ان کے علاوہ چند علامتوں کی فہرستیں ہیں جو مندر کے طلباء کو بطور نصاب سکھائی جاتی تھیں۔ یہ فہرستیں موضوع وار ہیں۔ مثلاً مچھلیوں کی مختلف قسمیں ایک جگہ درج ہیں اور ہر علامت کے سامنے اس پروہت یا نویسندہ کا نام کندہ ہے جس نے یہ علامت ایجاد کی

تھی۔

۲۹ق۔م کے لگ بھگ یعنی سو سال کے اندر ہی تصویری حروف میں اور کمی ہوئی چنانچہ ان کی تعداد صرف چھ سو رہ گئی۔ اس کے باوجود لکھنے پڑھنے کا علم مدت تک مندر کے پروہتوں اور شاہی خاندان کے افراد کی اجارہ داری رہا کیونکہ علم کو عام کرنا ارباب اقتدار کے مفاد کے خلاف تھا۔

اہل سومیر گیلی مٹی کی چھوٹی چھوٹی لوحوں پر سرکنڈے یا بید مشک کے قلم سے لکھتے تھے۔ اس عمل کے باعث تصویری حروف لامحالہ پیکانی شکل اختیار کر لیتے تھے۔ مصری چونکہ قرطاس PAPYRUS پر روشنائی سے لکھتے تھے۔ اس لئے ان کے تصویری حروف زیادہ حسین معلوم ہوتے ہیں۔ اہل سومیر پہلے پوری تختی پر چار خانے بنا لیتے تھے۔ پھر ہر خانے میں اوپر سے نیچے کی طرف تصویریں کھودی جاتی تھیں تب لوح کو سکھا کر پکالیا جاتا تھا۔ اگر دستاویز زیادہ اہم ہوتی تھی تو اس کے لئے مٹی ہی کا لفافہ بھی بنایا جاتا تھا۔ اور لوح کو اس کے اندر رکھ دیا جاتا تھا۔ کھدائی میں ایسے لفافے بھی کثرت سے ملے ہیں۔

وادی دجلہ و فرات میں دو زبانیں بولی جاتی تھیں۔ جنوب میں سومیری زبان اور وسط اور شمال میں عکادی زبان۔ سومیری زبان یوں تو دنیا کی کسی مردہ یا زندہ زبان سے مشابہت نہیں رکھتی ہے، اور نہ زبانوں کے کسی مروجہ خاندانوں سے اس کا کوئی تعلق نظر آتا ہے لیکن اس کی گرامر کے اصول وہی ہیں جو چینی یا ترکمانی یا فنی (فن لینڈ) یا ماجیار (ہنگری) زبانوں کے ہیں۔ مثلاً سومیری زبان میں الفاظ کی شکلیں نہیں بدلتیں بلکہ ان میں لاحقوں اور سابقوں کی مدد لی جاتی ہے۔ پھر ان کے مادے عام طور پر یک رکنی ہوتے ہیں۔ اور مرکب الفاظ در اصل دو الگ الگ لفظ ہوتے ہیں جن کی شکلیں نہیں بدلتیں۔

البتہ ان کے معنی اپنے ترکیبی الفاظ سے بالکل جدا ہوتے ہیں۔ اس قسم کی تحریر اور حروف ہجا کی تحریر میں بنیادی فرق یہ ہوتا ہے کہ تصویری لفظوں کی علامتیں بہت زیادہ ہوتی ہیں۔ اس کی وجہ سے ان کا سیکھنا اور یاد کرنا حروف ہجا کے مقابلے میں مشکل ہوتا ہے۔

بہر حال تصویری لفظوں میں اصل تصویر کی اہمیت رفتہ رفتہ بالکل ختم ہوگئی اور یہ تصویریں فقط آوازوں کی نمائندگی کرنے لگیں۔ آہستہ آہستہ ان تصویروں کی بناوٹ بھی آسان ہوتی گئی اور بالآخر تجرید کا عمل اتنا بڑھ گیا کہ تصویریں دائروں اور خطوں میں بدل گئیں۔ مثلا حروف ب کی ابتدائی شکل بیت کی تھی، بیت کی علامت خیمہ تھا جس کے دروازے پر ایک ہی آدمی بیٹھا ہوتا تھا۔ آدمی کی شکل گھٹتے گھٹتے فقط ایک نقطہ رہ گئی اور خیمہ ایک الٹے قوس نما خط میں بدل گیا اور یہ نشان لفظ بیت کے پہلے رکن کی آواز کی علامت قرار پایا۔

سومیری زبان کے برعکس عکادی زبان سامی خاندان (عربی، عبرانی، سواحلی، آرامی وغیرہ) سے تعلق رکھتی تھی۔ یہ زبان بابل سے اشور تک بولی جاتی تھی اور وادی دجلہ و فرات کے مغرب میں جو ملک تھے (شام، فلسطین، لبنان وغیرہ) وہاں بھی سمجھی جاتی تھی کیونکہ ان علاقوں کے لوگ بھی سامی النسل تھے۔ جب بابل میں اموری (سامی سلطنت) قائم ہوئی تو اہل بابل سومیری رسم الخط اختیار کرنے پر مجبور ہوئے کہ تہذیب و معاشرت کی تحریر وہی تھی لیکن ان کی زبان INFLEGTIVE تھی یعنی ان کے الفاظ کے ارکان کی آوازیں بدلتی رہتی تھیں مثلاً کتب سے یکتب، کاتب، مکتب کتاب کی آوازیں بن جاتی ہیں۔

پس اہل بابل نے عکادی زبان کے تقاضوں کے بموجب سومیری رسم الخط میں مزید اصلاحیں کیں (۲۰۰۰ ق۔ م) اور ان کی زبان کو اتنا فروغ ہوا کہ کچھ عرصہ کے بعد

عکادی زبان پورے مشرق قریب کی تہذیب اور امور سلطنت کی زبان ہو گئی اور سومیری زبان کا رواج رفتہ رفتہ بالکل ختم ہو گیا۔ ہزار سال گزرنے کے بعد مندر کے پروہتوں کے علاوہ کوئی اس زبان کو سمجھنے والا نہ رہا۔ فقط مندر میں پڑھے جانے والے بھجنوں، گیتوں اور دعاؤں کی زبان سومیری رہ گئی اور اس کا وہی حشر ہوا جو لاطینی زبان کا ہوا۔

***

زندگی کی نقش گری

وقت گزرتا رہا۔ سندھ، دجلہ اور نیل کی وادیوں میں تہذیبیں ابھرتی اور مٹتی رہیں۔ ایران، چین اور یونان میں علم و دانش کے چراغ جلتے اور بجھتے رہے، رومۃ الکبریٰ کا غلغلہ بلند ہوا اور فضا میں گم ہو گیا۔ عباسیوں اور مغلوں کے پرچم بڑے جاہ و جلال سے لہرائے اور سرنگوں ہو گئے، مغربی علوم کی روشنی دور دور تک پھیلی مگر انسانی تہذیب کے اولین گہواروں میں اندھیرا ہی رہا۔

غار افسانہ بھی ہیں اور تاریخ بھی۔ وہم کی آنکھوں سے دیکھو تو ان غاروں میں ہر سمت موت کے مہیب سائے ناچتے نظر آئیں گے۔ آدم خور دیوؤں کی چنگھاڑیں، بیتالوں اور بھوتوں کے خوفناک قہقہے، چمگادڑوں کے روپ میں ادھر ادھر اڑتی ہوئی بدروحیں اور پچھل پائیاں۔ منہ سے آگ اگلنے والے اژدہے اور انہیں کے آس پاس بھٹوں میں چھپے ہوئے شیر، بھالو، بھیڑیے، ڈاکو اور راہ زن۔۔۔ غرض روایت نے غاروں کے ان دہشت ناک باشندوں کے تذکرے جا بجا ملتے ہیں۔ وہ غار ہی تھا جس میں کانے دیو نے ہومر کے ہیرو اوڈیسیس کو ساتھیوں سمیت قید کیا تھا اور چالاک اوڈیسیس نے دیو کو نشہ پلایا تھا اور جب دیو مدہوش ہو گیا تھا تو اس کی آنکھ میں لوہے کی گرم سلائی پھیر دی تھی اور بھیڑ کے پیٹ سے لپٹ کر غار سے فرار ہوا تھا اور وہ بھی غار تھا جس میں علی بابا کے بھائی کو دولت کی ہوس لے گئی تھی مگر وہ "کھل جا سم سم" کا طلسمی کلمہ بھول گیا تھا اور ڈاکوؤں

نے اسے قتل کرنے کے لاش درخت سے لٹکا دی تھی۔

مگر تاریخ کی آنکھ سے دیکھو تو یہی غار انسان کی قدیم ترین پناہ گاہ نظر آئیں گے جہاں اس نے اپنی ۲۵، ۳۰، لاکھ سالہ زندگی کی بیش تر مدت بسر کی ہے۔ وہیں اس نے افزائش نسل کے راز سیکھے، موسم کی سخت گیریوں سے بچنے کے طریقے وضع کیے، آگ جلانے کے تجربے کیے، اور اس طرح تسخیر قدرت اور کیمیاوی عمل کے ایک ایسے انقلابی راز سے آگاہ ہوا جس نے آگے چل کر اسے اقلیمِ ارض کی فرماں روائی عطا کی۔ یہ غار اس کے اولین مولد و مسکن بھی تھے اور معبد و مقابر بھی۔ یہاں پہنچ کر وہ تمام ارضی و سماوی آفتوں سے محفوظ ہو جاتا تھا۔ یہ غار رحمِ مادر سے بھی کسی قدر مشابہ تھے۔ اپنی ظاہری شکل میں بھی اور باطنی کیفیت میں بھی۔ وہی پر اسرار تاریکی، وہی پیچ و خم اور امن و عافیت کا وہی احساس۔

مگر انسان کی فراموش طبعی دیکھو کہ لاکھوں سال ان غاروں میں رہنے کے بعد جب اس نے یہ مسکن ترک کیے اور جھونپڑے، گاؤں اور شہر بسائے تو پھر ان غاروں کی طرف پلٹ کر بھی نہ دیکھا۔ انہیں ایسا بھولا گویا ان سے کبھی وابستہ ہی نہ تھا۔ غاروں کے دہانے، چٹانوں، مٹی کے ملبوں اور جنگلی جھاڑیوں سے پٹ گئے۔ ان کی تلخ اور شیریں یادیں ذہنوں سے محو ہو گئیں اور آنے والی نسلیں اس حقیقت سے بھی واقف نہ رہیں کہ ان کے آباء و اجداد کبھی غاروں میں رہتے تھے۔

وقت گزرتا رہا۔ سندھ، دجلہ اور نیل کی وادیوں میں تہذیبیں ابھرتی اور مٹتی رہیں۔ ایران، چین اور یونان میں علم و دانش کے چراغ جلتے اور بجھتے رہے۔ رومۃ الکبریٰ کا غلغلہ بلند ہوا اور فضا میں گم ہو گیا۔ عباسیوں اور مغلوں کے پرچم بڑے جاہ و جلال سے لہرائے اور سرنگوں ہو گئے۔ مغربی علوم کی روشنی دور دور تک پھیلی مگر انسانی تہذیب کے اولین

گھواروں میں اندھیرا ہی رہا۔

پھر یوں ہوا کہ انیسویں صدی کی ایک روشن سہ پہر میں اسپین کے ایک چھوٹے سے گاؤں میں ایک کتا ایک لومڑی کا پیچھا کرتے کرتے ایک بھٹ میں گھس گیا۔ کتے کا مالک مارسیلو واساؤتولا کتے کو نکالنے کی غرض سے بھٹ میں اترا تو پتہ چلا کہ اندر اچھا بڑا غار ہے۔ مارسیلو واساؤتولا کو آثار قدیمہ کا شوق تھا۔ اس نے غار کو گھودنا شروع کیا کہ شاید اس کے اندر پرانے زمانے کی کچھ چیزیں مل جائیں۔ ایک دن وہ غار میں اترا تو اس کی کمسن بچی ماریا بھی اس کے ہمراہ تھی۔ ساؤتولا غار کھودنے میں مصروف ہو گیا اور ماریا پتھر کے ٹکڑوں سے کھیلنے لگی۔ دفعتاً ساؤتولا نے ماریا کی چیخ سنی۔ "تورو، تورو (بیل بیل) ساؤتولا بچی کی طرف لپکا مگر وہ حیران تھا کہ اس تنگ غار میں بیل کہاں سے آئے۔ وہ ماریا کے پاس پہنچا تو ماریا غار کی چھت کو ٹکٹکی باندھے دیکھ رہی تھی۔ ساؤتولا کو جب بیل کہیں نظر نہ آئے تو اس نے بچی سے پوچھا اور تب بڑی مشکل سے اس کی آنکھوں نے وہ نظارہ دیکھا جسے بیس ہزار سال سے کسی انسان نے نہ دیکھا تھا۔ سرخ اور سیاہ رنگ کے بیلوں کی ایک لمبی قطار تھی جو چھت پر ایک سرے سے دوسرے سرے تک پھیلی ہوئی تھی۔ یہ التمیرا کا غار تھا جس میں قدیم حجری انسان نے اپنی فن کاری کا مظاہرہ کیا تھا اور جس کو ساؤتولا نے ۱۸۷۹ء میں اتفاقاً دیکھ لیا۔

ساؤتولا نے غار کی دیواروں کو غور سے دیکھا تو کہیں رنگین بھنسیے اور بیل بنے ہوئے کہیں جنگلی سور، کہیں ہرن اور چیتل، کہیں ہاتھ کے چھاپے۔ شمار کیا تو اس نگار خانے میں جانوروں کی ۱۷۰ تصویریں تھیں۔ ان کے رنگ اس قدر شوق اور روشن تھے گویا یہ تصویریں ابھی کل بنی ہوں۔ ساؤتولا نے اپنے اس حیرت انگیز انکشاف کا اعلان اخباروں میں کیا اور آثار قدیمہ کے ماہروں سے درخواست کی کہ وہ آکر غار کا مطالعہ

کریں لیکن دانایانِ مغرب نے ساؤتولا کا مذاق اڑایا۔ کسی نے کہا یہ اسکول کے لڑکوں کا کھلواڑ ہے۔ کسی نے کہا مقامی چرواہوں نے اپنی اکتاہٹ دور کرنے کی خاطر مویشیوں کی تصویریں بنائی ہوں گی۔ بعضوں نے غریب ساؤتولا نے میڈرڈ کے کسی مصور سے ساز باز کیا ہو گا۔ تجارت اور شہرت کی خاطر۔ غرض کہ نہ حکومت نے ان دیواری تصویروں کی طرف توجہ کی اور نہ ماہرینِ فن نے اس غار کو در خور اعتنا سمجھا۔ بے چارہ ساؤتولا خاموش ہو رہا ہو۔

یہ درست ہے کہ التمیرا کی دریافت سے بہت پہلے آثار قدیمہ کے ماہروں کو عہد قدیم کے پتھر کے اوزار، ہاتھی دانت کے ٹکڑوں پر کھدے ہوئے نقوش اور سیپ اور ہڈی کے زیورات دست یاب ہو چکے تھے۔ مثلاً بروئیلے (Brouillet) نامی ایک فرانسیسی ماہر کو سوینیِ (Savigny) کے مقام پر ہڈی کا ایک ٹکڑا انیسویں صدی کی ابتدا میں ملا تھا۔ اس ٹکڑے پر دو ہرن کندہ تھے۔ کلونی کے عجائب گھر نے ۱۸۵۱ء میں ہڈی کے اس منقوش ٹکڑے کو حاصل کر لیا تھا مگر کسی کو اس کی قدامت پر غور کرنے کی توفیق نہیں ہوئی تھی۔

اسی طرح ۱۸۳۳ء میں میئر Mayor نامی ایک انگریز محقق کو ہڈی کی ایک چھڑی ملی تھی جس کے ایک رخ پر ایک گھوڑا کندہ تھا اور دوسری طرف ایک پودا بنا تھا۔ ۱۸۵۲ء میں آری ناک (فرانس) کے مقام پر ہڈیوں کا ایک ہار اور ہیڈ اور ہاتھی دانت کے چند زیورات بھی دریافت ہوئے تھے۔ ایڈوارڈ لارتیت کو مسات Massat کے مقام پر بارہ سنگھے کی ہڈی پر ریچھ کا سر کھدا ہوا ملا تھا اور ۱۸۶۳ء میں اسے وزیر ندی کی وادی میں جو پیرس سے ڈھائی سو میل جنوب مغرب میں واقع ہے متعدد چھوٹی چھوٹی چیزیں اور آلات و اوزار دستیاب ہوئے تھے۔ چنانچہ ۱۸۶۴ء میں اس نے ان دریافتوں پر ایک مختصر سا

رسالہ فرانسیسی زبان میں شائع بھی کیا تھا۔ اسی سال اس کو مارلین (فرانس) کے مقام پر میمتھ کا ایک دانت ملا تھا جس پر نہایت باریک خطوں میں اس ناپید جانور کی شکل کندہ تھی۔

یہ تو خیر چھوٹی چھوٹی منقولہ اشیا تھیں جن سے قدیم انسان کی فنکاری کا کوئی واضح تصور قائم کرنا قدرے دشوار تھا مگر حیرت اس بات پر ہوتی ہے کہ التمیرا سے پیش تر دنیا کے مختلف گوشوں میں چٹانوں پر اور غاروں میں جو تصویریں اور نقوش ملے، ان کی تاریخی اہمیت کو بھی نظر انداز کر دیا گیا۔ مثلاً ۱۸۳۷ء میں سر جارج گرے نے آسٹریلیا کی ساحیت کے دوران اقلیدسی انداز کی بڑی پراسرار رنگین تصویریں کمبرلے کی کوہستانی پناہ گاہوں میں دریافت کی تھیں۔ ۱۸۴۸ء میں جھیل اونیگا (روس) کے مشرقی ساحل پر غاروں میں متعدد نقوش دیواروں پر کھدے ہوئے ملے تھے۔ یہ وہیل مچھلی، بارہ سنگھے اور ایلک کے نقوش تھے۔ انہیں دنوں سٹو (Stowr) کو جنوبی افریقہ کی چٹانوں پر اقلیدسی انداز کی مصوری کے چند نادر نمونے نظر آئے تھے اور اس نے ان کو بڑی محنت سے نقل کر لیا تھا مگر یہ نقش ونگار تہذیب کے اصل مرکز یعنی یورپ سے بہت دور پسماندہ علاقوں میں پائے گئے تھے۔ ان کو نہ تو ایک رشتے میں جوڑا جا سکتا تھا اور نہ تہذیب انسانی کی ارتقائی تاریخ مرتب کرنے میں ان سے مدد مل سکتی تھی۔ کم سے کم اس دور کے دانشوروں کا یہی خیال تھا۔

ساؤتولا کے دس سال بعد موسیو شیرون (cheron) نے شیوت (Chabot) (فرانس) کے غار کی تفصیلات شائع کیں، اس غار کا سراغ انہوں نے کئی سال پیشتر لگایا تھا، لیکن ان کا حشر بھی وہی ہوا جو ساؤتولا کا ہو چکا تھا۔

انیسویں صدی کے اختتام کو ابھی پانچ سال باقی تھے کہ ایک اور مصور غار لاموتھ

(فرانس) کے مقام پر دریافت ہوا، وہ بھی اتفاقاً۔ ایک کاشت کار اپنے مویشیوں کے لیے ایک پہاڑی پناہ گاہ صاف کر رہا تھا کہ اچانک غار کا دہانہ کھل گیا۔ گاؤں میں یہ خبر پھیلی تو چند نڈر لڑکوں نے غار میں اترنے کی ٹھانی۔ انہوں نے موم بتیاں لیں اور غار میں گھس گئے۔ واپس آئے تو انہوں نے بتایا کہ غار کی دیواروں پر جابجا گھوڑے، بیل، بارہ سنگھے، گینڈے، بیسن اور بیسن سے بھی بڑے بڑے جانوروں کی تصویریں بنی ہیں۔

چند سال بعد اسی غار کے نواح میں ایک پورا نگار خانہ ملا جس میں دو سو دیواری تصویریں موجود تھیں۔ یہ فونت دے گام کا مشہور غار تھا جو ستمبر ۱۹۰۱ء میں دریافت ہوا۔ اسی دوران میں مشرقی اسپین کی کھلی چٹانوں پر رنگین تصویروں کے آثار دیکھے گئے۔ ان تصویروں میں غلبہ جانوروں کا تھا، مگر ہیئت میں یہ تصویریں التمیرا اور فونت دے گام سے مختلف تھیں لیکن کتابی علم کا غرور اور پندار کی بے اعتنائی کہیے کہ دانشوران روشن نشانیوں کو بھی جھٹلانے پر اصرار کرتے رہے۔ چنانچہ فرانس میں آثار قدیمہ کے ماہرین کی جو بین الاقوامی کانفرنس ہوئی اس میں ان جدید دریافتوں پر بحث کرنے کی بھی اجازت نہ ملی۔

مگر حقیقت سے بہت دن تک چشم پوشی نہیں کی جاسکتی۔ اسے دیر سویر ماننا ہی پڑتا ہے۔ چنانچہ یکم اکتوبر ۱۹۰۲ء کو ماہروں کا ایک گروہ ایبے بروئیل کے اصرار پر پہلی بار التمیرا کے غار میں داخل ہوا۔ اس مہم کا ذکر کرتے ہوئے ایبے بروئیل لکھتا ہے کہ روشنی کے لئے ہمارے پاس فقط موم بتیاں تھیں مگر اس نیم تاریک ماحول میں بھی ہماری آنکھوں نے جو کچھ دیکھا اس نے ہمیں حیرت میں ڈال دیا۔ غار میں نمی تھی اس لیے سقفی تصویروں کا چربہ نہیں لیا جاسکا تھا کیوں کہ رنگ گیلا تھا اور کاغذ پر چپک جاتا تھا۔ چربہ لینے کے معنی ان تصویروں کو ضائع کرنے کے ہوتے لہٰذا ایبے بروئیل نے ان کو ہو بہو نقل

کرنے کا بیڑہ اٹھایا۔ "میں روزانہ آٹھ گھنٹے زمین پر پیٹھ کے بل لیٹ کر ان تصویروں کو نقل کرتا جو چھت پر بنی ہوئی تھیں۔" ایبے بروئیل نے یہ کام تین ہفتے میں مکمل کر لیا مگر کوئی پبلشر التمیرا کے اس رنگین مرقعے کو چھاپنے پر آمادہ نہ ہوا۔ بالآخر ایبے بروئیل نے پرائیویٹ امداد سے التمیرا پر ایک مصور کتاب ۱۹۰۸ء میں شائع کی۔

ان حجری فن پاروں کی بڑی خوش قسمتی ہے کہ ان کے ایبے بروئیل جیسا دھن کا پکا اور لگن کا سچا فنکار مل گیا۔ ایبے بروئیل نے اپنی زندگی حجری فن پاروں کی نقل اور تفتیش و تحقیق کے لیے وقف کر دی۔ چنانچہ آج ایبے بروئیل کی نقل کی ہوئی تصویروں کا اتنا بڑا ذخیرہ فرانس کے لیے وقف کر دی۔ چنانچہ آج ایبے بروئیل کی نقل کی ہوئی تصویروں کا اتنا بڑا ذخیرہ فرانس میں موجود ہے کہ اس سے کئی دفتر تیار ہو سکتے ہیں۔

اب چراغ سے چراغ جلنے لگا۔ غاروں کی دریافت نے ایک مہم کی شکل اختیار کر لی۔ چنانچہ ہر سال ایک نہ ایک مصور غار کا سراغ ملتا۔ کبھی اسپین اور فرانس میں کبھی جرمنی اور اٹلی میں، کبھی روس اور چیکوسلواکیہ میں، کبھی سویڈن اور ناروے میں۔ آخری غار وہ ہے جو Baumed Dullins کے مقام پر مارچ ۱۹۵۱ء میں دریافت ہوا۔ اس سے پیشتر ایک نہایت اہم غار لاسکا میں ستمبر ۱۹۴۰ء میں دولڑکوں نے دریافت کیا تھا۔

یوں تو قدیم حجری دور کے یہ فن پارے یورپ میں التمیرا سے جھیل بیکال تک اور فن ہاگن (ناروے) سے کیڈز (اسپین) تک بکھرے ہوئے ہیں مگر اس دور کے فن کا سب سے بڑا مرکز جنوب مغربی فرانس ہے۔ وہاں اب تک ستر غار دریافت ہو چکے ہیں۔ یہ غار دو منطقوں میں واقع ہیں۔ ایک وہ پہاڑی علاقہ ہے جو دریائے دور دون کی وادی میں ہے اور دوسرا فرانس کی جنوبی سرحد پر کوہِ پیر نیز میں۔ ان کے علاوہ اسپین کے شمال مغربی، مشرقی اور جنوبی علاقوں میں اس عہد کے کم و بیش چالیس غار اور کوہستانی پناہ گاہیں اب تک مل

چکی ہیں۔

پھر چٹانوں پر اور کھوہوں کے اندر رنگین تصویروں اور کندہ نقوش کا وہ طویل سلسلہ ہے جو اسپین سے شروع ہوتا ہے۔ سمندر پار کر کے مراکش اور الجزائر سے گزرتا ہوا صحرائے اعظم کو عبور کرتا وسطی مشرقی اور جنوبی افریقہ میں اپنے نشان چھوڑتا کیپ ٹاؤن پر ختم ہوتا ہے۔ یہ نقوش اور تصویریں گو قدیم حجری دَور سے تعلق رکھتی ہیں مگر تکنیک اور ہیئت کے اعتبار سے یورپ کے ان فن پاروں سے مختلف ہیں جن کا ذکر ہم کر رہے ہیں اس لیے ان پر الگ بحث کی جائے گی۔ آسٹریلیا کی حجری دور کی تصویریں افریقی تصویروں کے علاوہ ہیں البتہ وہ تکنیک کے لحاظ سے آپس میں بڑی مشابہت رکھتی ہیں۔

سو ڈیڑھ سو سال پیشتر تک اس زمین کے بسنے والوں اور ان کے ماضی بعید کے بارے میں ہماری معلومات بہت ناقص اور محدود تھیں۔ عہد قدیم زمین کے سینے میں دفن تھا۔ ہمیں ان دفینوں کی خبر تھی اور نہ ان کی تلاش و تحقیق کا کوئی ذریعہ ہمارے پاس موجود تھا۔ ہماری آگہی کا سارا اثاثہ چند مذہبی کتابیں تھیں یا وہ لوک کہانیاں جو پرانی قوموں میں مدت سے رائج ہیں۔ انہیں روایتوں اور کتابوں کی روشنی میں انسان اور اس کے قدیم معاشرے کی ابتدا کا سراغ لگایا جاتا تھا۔ چنانچہ سترہویں صدی کے ایک پادری اشر نے انجیل کی کتاب پیدائش کی مدد سے یہ ثابت کیا تھا کہ ظہور آدم کا واقعہ ۴۰۰۴ قبل مسیح میں پیش آیا تھا اور دانایان مغرب نے پادری اُشر کی اس حساب دانی کو بہت سراہا تھا لیکن انیسویں صدی عیسوی میں جب سائنس نے ترقی کی اور نئے نئے علوم مثلاً علم الافلاک، علم الارض اور علم الحیوان کو فروغ ہوا تو ان پرانے عقیدوں کی صداقت خطرے میں پڑ گئی۔

سائنس دان زمین اور زندگی کی عمریں متعین کرنے لگے۔ ارتقائے حیات کے

نظریے بنانے لگے۔ انہوں نے زمین کی تہوں سے بے شمار ایسی چیزیں بر آمد کیں جن سے ان کے دعوؤں کی تصدیق ہوتی تھی۔ انہوں نے ان معدوم جانوروں کے ڈھانچے بھی ڈھونڈ نکالے جو لاکھوں برس گزرے زمین پر موجود تھے اور جب ۱۸۹۱ء میں پروفیسر دوبائے کو جاوا میں قدیم انسان کو چار لاکھ برس پرانی ایک کھوپڑی دستیاب ہوئی تو پادری اُشر کا حساب بالکل ہی غلط ثابت ہوگیا۔ اس کے بعد ۱۹۰۷ء میں ہائیڈل برگ (جرمنی) کے مقام پر آدمی کا ایک جبڑا ملا جو پانچ لاکھ برس پرانا تھا اور ۱۹۲۷ء میں پیکنگ (چین) کے نواح میں ایک غار میں آدمیوں کے ۴۵ ڈھانچے نکلے جو چار لاکھ برس پرانے تھے اور اب ہم یقین سے کہہ سکتے ہیں کہ انسان کم سے کم پندرہ لاکھ برس سے اس کرۂ ارض پر آباد ہے۔

محققین نے یہ بھی ثابت کیا کہ اس پندرہ لاکھ برس کے عرصے میں انسان کے رہن سہن، رسم و رواج، آلات و اوزار، عقائد اور عادات اور فکر و فن میں وقتاً فوقتاً نمایاں تبدیلیاں ہوتی رہی ہیں۔ انسانی تہذیب کوئی ساکت اور جامد شے نہیں ہے جو ایک مقام پر ٹھہری رہتی ہو بلکہ وہ ایک تغیر پذیر اور فعال حقیقت ہے جس نے اب تک ارتقا کے مختلف مدارج طے کیے ہیں اور یہ عمل بدستور جاری ہے۔ ان تبدیلیوں کا باعث وہ آلات و اوزار ہیں جن کو انسان اپنی سماجی ضرورتوں کے تحت خود بناتا رہتا ہے۔ در اصل تہذیب انسانی کے مختلف عہدوں کی شناخت انہیں آلات و اوزار سے ہوتی ہے چنانچہ ۱۸۳۶ء میں کرسٹین ٹامسن (Christian Tomsen) نامی ایک فرانسیسی عالم نے آلات و اوزار کے فرق کے پیش نظر انسانی تہذیب کے تین بنیادی عہد متعین کیے تھے۔

(۱) پتھر کا زمانہ، جب کہ آلات و اوزار پتھر، لکڑی یا ہڈی کے ہوتے تھے۔

(۲) دھات کا زمانہ، جب کہ آلات و اوزار (تانبے اور ٹن کو ملا کر) کانسے کے ہوتے

تھے۔

(۳) لوہے کا زمانہ، جو ایک ہزار قبل مسیح کے قریب شروع ہوا اور ہنوز جاری ہے۔

پتھر کا زمانہ اندازاً پانچ لاکھ قبل مسیح سے پانچ ہزار قبل مسیح تک پھیلا ہوا ہے۔ اس کو زمانہ قبل از تاریخ بھی کہتے ہیں۔

قدیم حجری دور کے جو آثار اب تک ملے ہیں ان سے یہی اندازہ ہوتا ہے کہ اس زمانے کا انسان نقاشی، مصوری، مجسمہ سازی اور موسیقی سے واقف تھا۔ یورپ کے غاروں میں حجری دور کے سب سے قدیم فن پارے ۳۰، ۴۰ ہزار برس پانے ہیں۔ ان کے عروج و کمال کا زمانہ مادی لانی کا دور کا وسطی عہد ہے جس کے آخر تک آتے آتے یہ فن ختم ہو گیا۔ کیوں کہ جن لوگوں نے یہ فن پارے تخلیق کیے تھے وہ معدوم ہو گئے یا ان علاقوں سے مستقل طور پر ہجرت کر کے کہیں اور آباد ہو گئے۔ قدیم حجری دور کا ماحول سخت برفانی تھا اسی لیے اس دور کو برفانی دور بھی کہتے ہیں۔ اس وقت یورپ کا تمام وسطی اور شمالی علاقہ (برطانیہ، جرمنی، پولینڈ، ناروے، سویڈن اور شمالی روس) برف کی چادروں سے ڈھکا ہوا تھا اور کسی جانور یا انسان کا وہاں گزر نہ تھا۔

البتہ اسپین، فرانس، اٹلی، جزیرہ نما بلقان اور دیائے وولگا کی وادی برف سے نسبتاً محفوظ تھی۔ سردیوں میں گو اس خطے میں بھی شدید برف باری ہوتی تھی اور سرد ہواؤں کے طوفان آتے تھے لیکن شمالی یورپ کے مقابلے میں وہاں کا موسم معتدل تھا۔ اس خطے میں اونچے اونچے درختوں کے جنگل تھے۔ پھل دار جھاڑیاں تھیں، دریا اور میدان تھے اور گھاس تھی لہٰذا میتمہ، بیسن، ریچھ، بالدار، گینڈے، بارہ سنگھے، جنگلی بیل، گھوڑے اور ہرن، غرض اس عہد کے تمام جانور اسی خطے میں رہتے تھے اور ان کے بڑے بڑے غول خوراک کی تلاش میں دور دور تک نکل جاتے تھے۔ اس وقت کے انسان کا دارومدار انہیں

جانوروں کے شکار پر تھا اس لیے انسانی قبیلے بھی جانوروں کے تعاقب میں ایک جگہ سے دوسری جگہ منتقل ہوتے رہتے تھے۔

انسانی قبیلے خانہ بدوشی کی یہ زندگی غاروں یا کوہستانی پناہ گاہوں میں گزارتے تھے البتہ میدانی علاقوں میں وہ اپنے رہنے کے لیے زمین میں گڑھا کھود لیتے تھے اور گڑھے کے اوپر گھاس پھوس کی چھت ڈال لیتے تھے۔ ان میں وہ جھونپڑیوں کے آثار جنوب مشرقی یورپ میں ملے ہیں۔ جنگلی جانور ان کا کھانا پینا اور اوڑھنا بچھونا تھے۔ ان جانوروں کا گوشت وہ بطور غذا استعمال کرتے تھے۔ چربی سے چراغ جلاتے تھے۔ کھال اوڑھی اور بچھائی جاتی تھی۔ موٹی ہڈیوں سے شکار کے اوزار مثلاً نیزے کی انیاں اور تیروں کے پھل بنتے تھے اور پتلی ہڈیوں سے سینے کی سوئیاں، انتڑیوں اور نسوں سے تاگے اور رسی کا کام لیا جاتا تھا۔ یہ لوگ آگ کے استعمال سے واقف ہو چکے تھے اور شکار کو بھون کر کھاتے تھے۔

برفانی دور کے ان شکار پیشہ قبیلوں کے آلات اور اوزار لکڑی، پتھر یا ہڈی کے ہوتے تھے۔ ہتھوڑے، کلہاڑیاں، نیزے، چاقو، سوئیاں وغیرہ سب انہیں چیزوں سے بنائی جاتی تھیں۔ شکار کے لیے بڑے بڑے بلم یا لاٹھیاں استعمال کی جاتی تھیں۔ ان کے سرے پر پتھر یا ہڈی کی تیز اور نکیلی انی لگی ہوتی تھی۔ ان ہتھیاروں کی مار زیادہ دور تک نہیں تھی لہٰذا شکاریوں کو چھپ چھپا کر جانوروں کے بہت قریب تک جانا پڑتا تھا۔ مگر میمتھ، ہاتھی اور بیسن جیسے دیو پیکر جانوروں کو بھالوں یا لاٹھیوں سے مارنا ناممکن نہ تھا۔ ان کے قریب جانے میں جان کا خطرہ بھی تھا اس لیے ان کے بڑے جانوروں کو ہانکا کر کے کسی گڑھے یا کھڈ کی سمت لے جاتے تھے جب کار گڑھے میں گر پڑتا تھا تو اسے پتھر مار مار کر ہلاک کر دیتے تھے۔ فرانس میں ایسے کئی کھڈ ملے ہیں جن میں ہزاروں بیسنوں کی

ہڈیاں ایک ہی جگہ پر موجود ہیں۔

لیسکا کے غار میں ایک مقام پر اس طرزِ شکار کی باقاعدہ منظر نگاری بھی کی گئی ہے۔ اس منظر میں چند جنگلی گھوڑے ایک گڑھے میں چھلانگ لگا رہے ہیں۔ گھوڑوں کے درمیان چٹان میں جو قدرتی نشیب موجود ہے، اس کو گڑھے کی علامت کے طور پر استعمال کیا گیا ہے۔ چنانچہ تصویر کو دیکھنے سے یہی تاثر قائم ہوتا ہے کہ یہ عاجز اور پریشان گھوڑے واقعی گڑھے میں چھلانگ لگا رہے ہیں۔ بعض خطوں کے لوگ بھالے کو دور تک پھینکنے کے لیے نیزہ انداز آلے بھی بنانے لگے تھے۔ جنوبی اسپین اور افریقہ کے قدیم حجری انسان نے تیر کمان بھی بنالی تھی۔

برفانی دور کا انسان چھوٹے چھوٹے قبیلوں میں بٹا ہوا تھا۔ ہر قبیلہ دراصل ایک گھرانا ہوتا تھا جو اجتماعی زندگی گزارتا تھا۔ آلات و اوزار مشترکہ ہوتے تھے اور شکار میں جو کچھ ملتا تھا اسے بھی آپس میں بانٹ کر کھالیتے تھے۔ قبیلے کے ہر فرد کا تحفظ پورے قبیلے کا فرض ہوتا تھا۔ قبیلے کے اندر تقسیم کار کا طریقہ رائج تھا۔ مرد شکار کرتے تھے، عورتیں ساگ پات، جنگلی پھل اور جڑیں وغیرہ اکھٹا کرتی تھیں۔ یہ چیزیں خوراک کے کام آتی تھیں۔ شکار میں بھی عورتیں ہانکے میں شریک ہوتی تھیں۔ حصول غذا کے علاوہ عورتوں کا کام بچوں کی دیکھ بھال کرنا، کپڑے سینا اور غار کو صاف ستھرا رکھنا ہوتا تھا۔ مردوں کا بنیادی پیشہ یوں تو فقط ایک ہی تھا یعنی شکار مگر ان میں بھی تقسیم کار پائی جاتی تھی۔

قبیلے کے ہر فرد کو پتھر کاٹنے، آلات و اوزار بنانے، نشانہ لگانے اور شکار کرنے کا فن سیکھنا پڑتا تھا لیکن بعضوں کا نشانہ قدرتی طور پر اچھا ہوتا تھا۔ بعضوں میں صناع بننے کی صلاحیت دوسروں سے زیادہ ہوتی تھی۔ بعضوں کو مصوری یا کندہ کاری کا شوق ہوتا تھا۔ چنانچہ اسی ہنر مندی، صلاحیت اور شوق کے مطابق ان کے کاموں کی تقسیم بھی ہوتی

تھیں اور وہ آہستہ آہستہ اپنے فن کے ماہر بن جاتے تھے۔ مصوری سے ملا ہوا سحر کا فن تھا۔ یہ فن ان کی شکار پیشہ زندگی کا لازمی جز تھا اور اس کی اہمیت شکار سے کم نہ تھی۔ ساحر قبیلے کا روحانی پیشوا ہوتا تھا۔ وہ شکار کی تصویریں بناتا اور سحر کی رسمیں ادا کرتا تھا۔ اس کے عوض قبیلہ اس کی ضروریات زندگی کی کفالت کرتا تھا۔ خود شکاریوں کے بھی درجے ہوتے تھے۔ ان میں بعض ماہر شکاری ہوتے اور بعض بالکل مبتدی جن کو ہانکا کرنے کا کام سپرد کیا جاتا تھا۔ شکار کے بعد شکار کی تقسیم ہوتی تھی۔ گوشت عورتوں کو دیا جاتا تھا اور انتڑیاں، کھال، نسیں اور ہڈیاں الگ کر کے ان لوگوں میں تقسیم کر دی جاتی تھیں، جو ان چیزوں سے سامان بناتے تھے۔

غاروں کے اندر جو مدفون ڈھانچے ملے ہیں ان سے ثابت ہوتا ہے کہ برفانی دور کا انسان اپنے مردوں کو باقاعدہ قبر میں دفن کرتا تھا۔ زمین سے پودوں اور بوٹوں کو اگتا دیکھ کر شاید اسے یہ خیال گزرا ہو کہ اگر مردے کو زمین میں دفن کر دیا جائے تو وہ بھی اوپر آ جائے گا۔ یہ بات بھی قابل غور ہے کہ قبر کی شکل عورت کے اسی عضو بدن سے بہت مشابہ ہوتی ہے جہاں سے بچہ نکلتا ہے۔ چنانچہ برفانی دور کا انسان اپنے مردے کے گھٹنوں کو پیٹ سے ملا دیتا تھا اور اس طرح اس کی پوزیشن قریب قریب وہی ہو جاتی تھی جو بچے کی ماں کے پیٹ میں ہوتی ہے۔ لاش کے سر کے نیچے پتھر کا تکیہ رکھ دیا جاتا تھا اور قریب ہی گوشت کے ٹکڑے، ہڈیاں اور شکاری آلات و اوزار قرینے سے سجا دیے جاتے تھے۔ تب قبر کا منھ بند کر کے اوپر پتھر کی سل رکھ دی جاتی تھی۔

یہ قبریں آباد غاروں میں بنائی جاتی تھیں۔ بعض قبریں تو چولہے کے بالکل پاس ہی ملی ہیں۔ شاید لوگوں کا عقیدہ ہو کہ آگ کی گرمی سے مردے کے ٹھنڈے جسم کو زندگی کی حرارت دوبارہ حاصل ہو جائے گی۔ حیات اور حرارت میں جو رشتہ ہے اس سے وہ

لوگ پوری طرح آگاہ تو نہ تھے مگر اس رشتے کا ایک مبہم سا تصور ان میں ضرور موجود تھا۔ البتہ وہ حرارت کو زندگی کی علامت نہیں بلکہ اس کی علت سمجھتے تھے۔ گو ان کے مردے کبھی نیند سے نہ جاگے اور چولہے کی گرمی نے کبھی زندگی کی حرارت نہ بخشی مگر رسم و رواج کی آہنی زنجیریں بڑی مشکل سے ٹوٹتی ہیں۔

قدیم حجری انسان ہنوز مذہب کے تصور سے آشنا نہ ہوا تھا۔ وہ کسی مافوق القدرت طاقت یا طاقتوں کو نہیں مانتا تھا اور نہ کسی دیوی، دیوتا کی پرستش کرتا تھا البتہ سحر پر اس کا عقیدہ بہت پختہ تھا۔ مذہب اور سحر میں بنیادی فرق یہ ہے کہ مذہب کا محرک قدرت کی اطاعت اور خوشنودی کا جذبہ ہے۔ اس کے برعکس سحر کا محرک تسخیر قدرت کا جذبہ ہے۔ سحر دراصل سائنس کی بالکل ابتدائی شکل تھی اسی لیے فریزر نے سحر کو "ساقط سائنس اور ناقص آرٹ" سے تعبیر کیا ہے۔

علمائے آثار کا خیال ہے کہ برفانی دور کا انسان کوئی زبان ضرور بولتا تھا البتہ اب تک یہ نہیں معلوم ہو سکا کہ وہ زبان کیا تھی۔ آیا تمام قبیلے ایک ہی بولی بولتے تھے یا مختلف خطوں میں مختلف بولیاں بولی جاتی تھیں۔ غاروں میں جو آثار ملے ہیں ان سے یہ تو ثابت ہوتا ہے کہ قدیم انسان نقش گری، مصوری، مجسمہ سازی، موسیقی اور رقص کے فن سے آگاہ تھا لیکن ایسی کوئی شہادت اب تک نہیں ملی ہے، جس سے اس کی زبان کے بارے میں کوئی بات یقین سے کہی جا سکتی ہو۔

برفانی دور میں شرح اموات بہت زیادہ تھی، خصوصاً شیر خوار بچے بڑی تعداد میں فوت ہو جاتے تھے۔۔۔ بیماریوں میں سب سے عام بیماری گٹھیا کی تھی۔ لوگ طب اور جراحی کے فن سے واقف نہ تھے لیکن آدمیوں کے بعض ڈھانچے ایسے ملے ہیں جن کے پاؤں کی ہڈیوں پر عمل جراحی کے آثار نظر آتے ہیں۔ شاید ان شکاریوں کے پاؤں شکار

میں ٹوٹے ہوں اور پھر ان کو کسی طرح جوڑا گیا ہو۔

یہ ہے ایک دھندلا سا خاکہ قدیم حجری دور کے انسان اور اس کے ماحول اور معاشرے کا، مگر جب ہم اس عہد کے غاروں کے رنگین نقش و نگار اور حسین مجسموں کو دیکھتے ہیں تو اس شکاری انسان کی صناعی، ہنر مندی، فنکاری اور ذہانت پر عقل حیران رہ جاتی ہے۔ سچ یہ ہے کہ قدیم حجری دور کے بعد آج تک دنیا کی کسی قوم نے کسی ملک اور کسی عہد میں بھی جنگلی جانوروں کی حسی کیفیات سے لبریز اتنی جاندار اور متحرک، اتنی خوش رنگ اور خوش آہنگ، اتنی موزوں اور متناسب تصویریں نہیں بنائیں۔ قدیم حجری دور کا انسان اپنے فن میں یکتا و مثال ہے کیوں کہ کسی دوسرے دور میں انسان کو جانوروں سے اتنا گہرا لگاؤ نہیں رہا اور نہ جانوروں کے کردار، مزاج، عادات و اطوار اور جسم کے مطالعے پر اس کی زندگی کا دار و مدار رہا۔ قدیم حجری دور کے فنکار کی عظمت کا اس سے بڑھ کر ثبوت اور کیا ہو سکتا ہے کہ دور جدید کے کتنے ہی عظیم فنکار اس کی نقالی پر ہی اپنی شہرت کا پرچم اڑاتے ہیں۔

آیئے اب قدیم حجری درو کے گمنام فنکاروں کے ایک زمین دوز نگار خانے کی سیر کریں۔ یہ نگار خانہ لاسکا کے غار میں ہے۔ اب تک جتنے غار دریافت ہوئے ہیں لاسکا کا غار ان سب میں ممتاز ہے۔ اس کی رنگین تصویروں پر موسمی تغیرات کا بہت کم اثر پڑا ہے۔ یہ تصویریں ابھی تک اپنی اصلی حالت پر ہیں اور ان کے رنگ کی آب و تاب میں کوئی فرق نہیں آیا ہے۔ لاسکا کا غار دریائے وزیر کے شمالی ساحل پر ایک گھنے جنگل کے اندر واقع ہے۔ وہاں کوئی آبادی نہیں ہے البتہ ندی کے دوسرے کنارے پر ایک چھوٹا سا فرانسیسی گاؤں ہے۔ التمیرا کی مانند یہ غار بھی اتفاقیہ طور پر دریافت ہوا اور وہ بھی ۱۹۴۰ء میں۔ ہوا یوں کہ نواحی مدرسے کے چار لڑکے جنگل میں کھیل رہے تھے۔ ان کا کتا ایک گڑھے میں

جو کافی گہرا تھا، گر پڑا۔ لڑکے کتے کو نکالنے گئے تو انہیں غار کا دہانہ نظر آیا۔

تلاش و جستجو کی یہ عمر انہیں غار میں لے گئی مگر دہانہ اتنا تنگ تھا کہ لڑکوں کو پیٹ کے بل رینگنا پڑا۔ ملبے کے ڈھیر سے رینگتے ہوئے وہ داخل ہوئے تو داہنی جانب بیس فٹ کی گہرائی پر انہیں ایک بڑا سا ہال ملا جو بیضاوی شکل کا تھا۔ سو فٹ لمبا، ۳۳ فٹ چوڑا اور بیس فٹ اونچا۔ اس ہال کی چھت اور دیواریں بیلوں، گھوڑوں اور ہرنوں کی بڑی بڑی رنگین تصویروں سے آراستہ تھیں۔ لڑکوں نے یہ ماجرا اپنے استاد موسیو لاوال سے بیان کیا، انہوں نے ایبے بروئیل کو خبر دی۔ ایبے بروئیل نے غار کا معائنہ کیا۔ اسے آری ناسی دور کا شاہکار قرار دیا اور اس طرح مہذب دنیا کو چالیس ہزار برس پرانا ایک نایاب دفینہ ہاتھ آیا۔

لاسکا کے ہال میں داخل ہوتے ہوئے پہلی تصویر ایک سیاہ گھوڑے کی نظر آتی ہے۔ اس کے بعد ایک عجیب و غریب جانور بنا ہے جس کے دو متوازی سینگ آگے کو نکلے ہوئے ہیں۔ پیٹ پھولا ہے اور جسم پر گول گول نشان ہے۔ پھر چند بہت بڑے بڑے بیل ہیں جن میں سے چار اب تک محفوظ ہیں۔ ان کی لمبائی چار تا چھ گز ہے۔ وہ بیل جن کے خاکے سیاہ لکیروں سے بنے ہیں ایک دوسرے کے مقابل کھڑے ہیں اور ان کے درمیان خالی جگہ میں پانچ سرخ، زرد رنگ کے ہرن بنے ہیں۔ پہلے بیل کے اوپر لال رنگ کا ایک بڑا سا گھوڑا دوڑ رہا ہے۔ اس کے کھر اور ایال کالے ہیں۔ دوسرے بیل کے عقبی حصے میں لال رنگ کی ایک گائے بھی ہے جو چر رہی ہے۔ بیلوں کے درمیان بالائی حصے میں ایک اور لال گھوڑا ہے جس کی تھوتھنی دوسرے بیل کے سینگوں کے اندر ہے البتہ اس کے پاؤں غائب ہیں۔ بظاہر یہ چند جانوروں کی تصویریں ہیں مگر غور سے دیکھا جائے تو ان کی ایمائیت واضح ہو جاتی ہے اور ان میں ترتیب و آہنگ بھی نظر آنے لگتا ہے۔

بیل یوں تو بڑے مہیب اور قومی ہیکل ہیں لیکن مصور نے انہیں ساکت اور جامد بنا دیا ہے۔ وہ نہ حملہ کر سکتے ہیں اور نہ حرکت۔۔۔ وہ بالکل بے بس گم سم کھڑے ہیں، کیوں کہ وہ سحر زدہ ہیں۔ ان کے جسم پر بھالے کے چھوٹے چھوٹے نشان ہیں۔ اس کے بر عکس گھوڑے بہت مگن دکھائی دیتے ہیں۔ وہ سرپٹ دوڑ رہے ہیں، اور بارہ سنگھوں کا نڈر پن دیکھو کہ وہ ان خون خوار بیلوں کے درمیان بڑی بے فکری سے کھڑے چہلیں کر رہے ہیں۔ رنگ زندگی کی علامت ہے، اسی لیے گھوڑے اور بارہ سنگھے رنگین ہیں اور بیلوں کو اس سے محروم کر دیا گیا ہے۔ داہنی جانب والے بیل کی ناک سے تو خون بھی نکل رہا ہے۔

ہال کے عقبی حصے میں چھت بہت نیچی ہو جاتی ہے اور زمین کی ڈھلوان بڑھ جاتی ہے۔ وہاں سے ہم ایک تنگ راستے میں داخل ہوتے ہیں تو عین دہانے کی چھت پر ایک ہرن اور اس کے ہم جنس دوسرے جانوروں کی تصویریں نظر آتی ہیں۔ آگے بڑھیے تو چھت پر لال رنگ کی نہایت حسین گائیں اور مختلف نسلوں کے چھوٹے بڑے بہ کثرت گھوڑے بنے ہیں، گایوں کی نازک اور حساس تھوتھنیاں اور پتلی پتلی سڈول سینگیں اپنی ساخت میں بڑے ہال کے بیلوں سے مختلف ہیں، یہاں پہنچ کر راستہ اور تنگ ہو جاتا ہے مگر اس تنگی سے بھی فن کار نے فائدہ اٹھایا ہے۔ ایک دوڑتی ہوئی گائے کی تصویر اس انداز سے بنائی ہے کہ اس کے اگلے پاؤں دہانے کے ایک سرے پر ہیں اور پچھلے پاؤں دوسرے سرے پر۔ درمیان میں چھت کے نصف دائرے پر گائے کا پورا جسم پھیلا ہوا ہے اور یوں محسوس ہو رہا ہے کہ گویا یہ گائے خلا میں چھلانگ لگا رہی ہے اور آگے بڑھو تو ایک بے حد لمبی چوڑی گائے ایک جالی نما نشان کی جانب جست لگا رہی ہے۔ یہ نشان مستطیل ہے اور اس میں تین متوازی لکیریں بھی ہیں۔

یہ نشان یا تو ہم رنگ زمین جال کی علامت ہے جس میں گائے کو پھنسایا جا رہا ہے یا

سحر کی۔ اور آگے بڑھو تو دو جنگلی گدھے ملتے ہیں۔ ان میں سے ایک حاملہ ہے۔ آخر میں چھت نیچی ہونے لگتی ہے اور موڑ آجاتا ہے۔ وہاں بھورے رنگ کا ایک گھوڑا ایک گڑھے میں گرتا نظر آتا ہے۔ اس کے چاروں پاؤں ہوا میں ہیں۔ یہاں چٹانوں میں جو قدرتی نشیب ہے، فنکار نے اس سے گڑھے کا کام لیا ہے۔

غار کے دوسرے گوشے میں پتھر پر کندہ کاری کے بہ کثرت نشان ملیں گے۔ یہ تصویریں ایک کے اوپر ایک کھدی ہیں، شاید یہ جگہ نو آموز فنکاروں کی مشق کے لئے تھی۔ یہاں کسی جگہ فقط کھر بنے ہیں، کہیں دم، کہیں سر، کہیں کوہان مگر ان میں بڑی صفائی اور روانی پائی جاتی ہے۔ ایسا محسوس ہوتا ہے گویا یہ خاکے ہاتھ کی ایک ہی جنبش سے بنے ہیں۔ ایک اور گوشے میں پتوں والی ایک بیل کندہ ہے۔ یہ واحد شجری نمونہ ہے جو حجری دور کے کسی غار میں ملا ہے۔ ایک اور گوشے میں کئی گھوڑے اور گھوڑیاں ہیں۔ گھوڑیاں حاملہ ہیں اور ان کے جسم میں بھالے پیوست ہیں۔ ایک گھوڑے کے جسم میں سات بھالے چبھے ہوئے ہیں۔ ایک بہت بڑی سیاہ گائے بنی ہے جو حاملہ ہے۔ اس کے پاؤں کے پاس کئی مستطیل نشان ہیں۔ ایک جگہ دو بھورے رنگ کے بیسن پیٹھ جوڑے کھڑے ہیں۔۔ ایک چھت پر پانچ نہایت خوب صورت ہرن ندی میں تیرتے دکھائی دیتے ہیں، اس منظر کی لمبائی ۱۶ فٹ ہے۔

مگر لاسکا کا سب سے حیرت خیز منظر وہ ہے جو غار کے سب سے پوشیدہ، تاریک اور مشکل مقام پر بنایا گیا ہے۔ در اصل یہ بیس فٹ گہرا ایک کنواں ہے۔ کنوئیں کے ایک طرف کی دیوار کو کاٹ کر اس میں سیڑھیاں نکالی گئی ہیں۔ کنوئیں میں اترنے کا راستہ شاید یہی تھا۔ اس کنوئیں کی دیوار پر ایک آدمی کی اقلیدسی شکل سہلوٹ میں بنی ہے۔

اس کا سر اور چونچ پرندے کا ہے البتہ نچلا دھڑ آدمی کا ہے۔ اس کے دونوں ہاتھ

پھیلے ہوئے ہیں لیکن ہاتھوں میں انگلیاں فقط چار ہی ہیں۔ اس کا عضوِ تناسل اِستادہ ہے اور وہ زمین میں گرتا نظر آتا ہے یا مردہ پڑا ہے۔ اس کی پشت کی جانب ذرا ہٹ کر ایک چھڑی زمین میں گڑی ہے۔ اس چھڑی پر ایک چڑیا بیٹھی ہے۔ اس چڑیا کا سر آدمی کے سر سے بہت مشابہہ ہے۔ پاس ہی بھالا پھینکنے والا ایک اوزار پڑا ہے۔ اس اوزار سے زاویۂ قائمہ بناتا ہوا ایک بھال ہے جو ایک سیاہ رنگ کے بیسن کے پیٹ اور پیٹھ کے آر پار ہو گیا ہے، بیسن کی انتڑیاں باہر نکل آئی ہیں، اس کی دم اٹھی ہوئی ہے اور اس کی پیٹھ اور گردن کے بال کھڑے ہیں۔ اس کا سر حملے کے انداز میں جھکا ہوا ہے اور اس کی سینگوں کا رخ آدمی کی طرف ہے۔ اس کے پاؤں کی سختی اور اس کے جسم کا داخلی تناؤ بتا رہا ہے کہ وہ حملہ کرنے کے لیے بے چین ہے مگر حرکت سے معذور ہے۔ حملہ آور کے اندرونی تناؤ اور خارجی بے بسی کے درمیان جو تضاد ہے وہ اس تصویر سے نمایاں ہے۔ آدمی سے تھوڑے فاصلے پر ایک گینڈا بنا ہے جس کی پیٹھ آدمی کی طرف ہے اور وہ دور ہٹ رہا ہے۔ اس کے دو سینگ ہیں۔ یہ غار کا واحد گینڈا ہے۔ گینڈے اور آدمی کے درمیان چھ بڑے بڑے سیاہ دھبے بنے ہیں، دو دو کی قطار میں۔

اس غیر معمولی منظر کی اب تک کوئی معقول تشریح نہیں ہو سکی ہے۔ بعض عالموں کا خیال ہے کہ یہ تصویر یادگاری ہے۔ اس کا تعلق کسی قبیلے کی زندگی کے کسی اہم واقعے سے ہے۔ شاید قبیلے کا سردار گینڈے یا بیسن کے شکار میں مارا گیا تھا۔ اس وقت اس نے چڑیے کا سوانگ بھر رکھا تھا کہ یہ طریقہ بہت عام تھا۔ (چنانچہ بہیلیے اور چڑی مار اب تک یہی کرتے ہیں) مصور نے اس حادثے کی منظر کشی کر کے مؤرخ کے فرائض انجام دیے ہیں لیکن اس تشریح سے ان چھ نقطوں کی توجیہ نہیں ہوتی جو آدمی اور گینڈے کے درمیان بڑے قاعدے سے لگائے گئے ہیں۔ نہ بیسن کی بے بسی کا سبب واضح ہوتا ہے اور

نہ گینڈے کے فرار کی تشریح ہوتی ہے۔ یہ راز بھی نہیں کھلتا کہ اگر اس تصویر کا تعلق سحر کی کسی نہایت خفیہ رسم سے نہیں ہے تو پھر اس کو انتہائی پوشیدہ اور تاریک کنوئیں میں کیوں بنایا گیا تھا۔

لاسکا کے غار میں مختلف نسل کے گھوڑوں کی ۵۸ تصویریں ہیں۔ دو جنگلی گدھے ہیں، بیس بیل اور گائیں ہیں۔ ہرنوں کی تعداد بیلوں سے کم ہے، سات بیسن ہیں، چھ بلی کی نسل کے جانور ہیں، ایک گینڈا ہے، ایک بھیڑیا ہے، ایک ریچھ ہے، ایک یونی کارن ہے اور ایک چڑیا۔

یوں تو قدیمی حجری دور کا ہر مصور غار دیدنی ہے لیکن فنی اعتبار سے چھ غار خاص طور پر ذکر کے قابل ہیں۔ اول التمیرا کا غا، جو سب سے پہلے دریافت ہوا اور سب سے مشہور ہے۔ دوئم فونت واگام، سوئم تین بھائیوں کا غار، چہارم لاسیل، پنجم لے کومبریل اور ششم لاسکا۔

التمیرا کے غار میں جانوروں کی تقریباً ۱۷۰ تصویریں اب تک صحیح و سالم موجود ہیں۔ اس کے بڑے کمرے میں جو چار پانچ فٹ اونچا ہے چھت پر جو رنگین تصویریں بنی ہوئی ہیں، وہ دیواری فن مصوری کے قیمتی نوادر میں شمار ہوتی ہیں۔ یہ در اصل پندرہ گز لمبا ایک منظر ہے جس میں ایک ہرن اور بیس بیسنوں کی خاموش جنگ کا مرقع پیش کیا گیا ہے۔ فقط دو گھوڑے اور دو سور، ہرن کے حمایتی ہیں۔ مگر ہرن فتح یاب ہے۔ یہ تصویریں کندہ ہیں اور رنگ آمیز بھی۔ ان تصویروں میں حسنِ ترتیب کے علاوہ بڑا تنوع ہے۔ در اصل اس مرقعے میں ہر جانور کی انفرادی کیفیت کا اظہار کیا گیا ہے مگر مجموعی تاثر کا خون نہیں ہوتا بلکہ اس میں اور شدت پیدا ہو جاتی ہے۔ میکس رفیل نے اس کی تشریح یوں کی ہے کہ ہرن در اصل ایک قبیلے کی نمائندگی کرتا ہے، جس نے اپنے سحر کے زور سے

دوسرے حریف جانوروں کو جو دشمن قبیلوں کی علامت ہیں، ہلاک کیا ہے۔ یہ منظر مثلث یا عمودی اصولِ توضیح پر نہیں بنا ہے بلکہ انسان کے کھلے ہوئے ہاتھ سے مشابہ ہے۔

لے کومبریل کا غار نو سو فٹ لمبا اور تین تا چھ فٹ چوڑا ہے۔ اس غار میں تقریباً تین سو تصویریں بنی ہیں جو مختلف جانوروں کی ہیں البتہ سوانگ بھرے ہوئے حیوان نما انسانوں کی تعداد یہاں سب سے زیادہ ہے۔ ایک آدمی کا سر تو ممیتھ کا ہے۔ ان کے علاوہ ایک موٹا آدمی ہے جو ایک عورت کا تعاقب کر رہا ہے۔ دیواروں پر جابجا انسانی شکلیں کھدی ہیں مگر ان کے سر جانوروں کے ہیں۔

تین بھائیوں کا غار فرانس کے ایک پرانے نواب کی زمین پر ہے۔ ۱۹۲۲ء میں نواب کے تین لڑکے تعطیل میں گھر آئے ہوئے تھے۔ قریب ہی دریائے دولپ بہتا ہے۔ یہ دریا قصبے سے تھوڑے فاصلے پر ایک غار میں غائب ہو جاتا ہے اور پھر ایک دوسرے مقام پر پہاڑ سے نمودار ہوتا ہے۔ تین بھائیوں نے ایک چھوٹی سی کشتی بنائی اور اس زمین دوز دریا کا سراغ لگانے نکلے۔ کشتی غار میں چلتی رہی اور ایک ایسے مقام پر پہنچی جو در اصل ایک جھیل تھی۔ وہاں چٹان پر انہیں سترہویں صدی کے چند آثار ملے، جس سے اندازہ ہوا کہ کچھ لوگ ان سے پیشتر بھی وہاں تک پہنچے تھے۔ وہ اور آگے بڑھے تو ایک سمت ایک سرنگ ملی جس کا دہانہ پتھر کی ایک باریک سی چادر سے ڈھک گیا تھا مگر اس پار کی روشنی چھن کر آ رہی تھی۔

لڑکوں نے یہ چادر توڑ دی اور اب وہ ایک نگار خانے میں تھے۔ اس غار میں یوں تو دوسرے غاروں کی مانند کندہ کاری اور مصوری کے بہ کثرت نمونے موجود ہیں مگر وہاں کی چند اپنی خصوصیتیں بھی ہیں۔ مثلاً مٹی کے دو بیسن ایک چٹان سے لگے کھڑے ہیں۔ برفانی اُلو کا ایک جوڑا چٹان پر کھدا ہوا ہے۔ قریب ہی ان کے بچے کی شکل بھی بنی ہے لیکن

سب سے اہم دریافت وہ جادوگر ہے، جس کے گرد لاتعداد جانوروں کا ہجوم نقش کیا گیا ہے۔ اس جادوگر کے کان بارہ سنگھے کے کانوں سے مشابہ ہیں اور کھڑے ہیں۔ اس کی داڑھی بہت لمبی ہے البتہ دہانہ ندارد ہے۔ اس کی کہنیاں اٹھی اور آپس میں ملی ہوئی ہیں اور دونوں ہاتھ ایک دوسرے کے قریب ہیں۔ انگلیاں ننھی ننھی اور پھیلی ہوئی ہیں۔ عضو تناسل بہت نمایاں ہے مگر استادہ نہیں ہے بلکہ بال دار دُم کے اندر پیوست ہے۔ ایبے بروئیل کی رائے میں اس کے سحر کا تعلق جانوروں کی افزائشِ نسل سے ہے۔

لاسیل (وادیِ دوردون) کے غار کی نمایاں خصوصیات عورتوں کے فرازی مجسمے ہیں جو چٹانوں پر ابھرے ہوئے ہیں۔ لاسیل کے غار میں عورتوں کے جو پانچ فرازی مجسمے ملے ہیں وہ اس فن کی سب سے پرانی یادگار ہیں۔ ان مجسموں میں نسوانی اندام بہت نمایاں ہیں۔ انہیں میں ڈیڑھ فٹ کا وہ مشہور فرازی مجسمہ بھی ہے، جو اب عجائب گھر کی زینت ہے۔ عورت کے اس مجسمے کے چاروں طرف پتھر کو کھود کر بہت گہرا کر دیا گیا ہے۔ اس کی وجہ سے مجسمے کا ابھار اور واضح ہو گیا ہے۔

یہ عورت سر سے پاؤں تک برہنہ ہے۔ اس کے کولھے بہت بھاری اور چوڑے ہیں۔ چھاتیاں بھی بہت بڑی ہیں اور لوکی کی مانند لٹکی ہوئی ہیں۔ رانوں کے درمیان کا ابھار بھی بہت واضح ہے۔ وہ بیسن کی ایک سینگ لیے ہوئے ہے جو ہلالی ہے۔ سینگ پر چند متوازی عمودی نشان کندہ ہیں۔ اس کا بایاں ہاتھ پیڑو پھر دھرا ہے۔ پیڑو پھولا ہوا ہے جس سے حمل کا گمان ہوتا ہے۔ چہرے کی تفصیلات جان بوجھ کر نہیں بنائی گئی ہیں۔ اس سے صاف ظاہر ہے کہ صرف انہیں اعضا کی نمائش مقصود تھی جن کا تعلق افزائشِ نسل سے ہے۔ عورتوں کے چار اور مجسمے بھی ہیں جو اسی انداز کے ہیں۔ ان مجسموں پر جگہ جگہ سرخ رنگ بھی پایا گیا ہے۔ اس سے خیال ہوتا ہے کہ شاید یہ سرخ رنگے ہوئے تھے۔ سرخ رنگ

حجری دور میں زندگی کا علامت تھا۔

گار گاس کا غار اس لحاظ سے اہم ہے کہ وہاں ہاتھ کے چھاپے بہ کثرت ملے ہیں۔ یہ چھاپے الگ الگ بھی ہیں اور اکٹھا بھی۔ ایک چٹان پر تو ایک ہی جگہ ڈیڑھ سو چھاپے لگے ہیں۔ ان میں ایک کمسن بچے کا چھوٹا سا ہاتھ بھی ہے۔ یہ چھاپے سرخ بھی ہیں اور سیاہ بھی۔ بعض جگہوں پر ہاتھ کو رنگ میں ڈبو کر دیوار پر چھاپہ لگا دیا گیا ہے اور بعض جگہوں پر ہاتھ کے سلہوٹ بنے ہیں، یعنی انگلیوں کو دیوار پر پھیلا دیا گیا ہے اور پھر ان کے گرد رنگ پھیر دیا گیا ہے۔ سب سے حیرت انگیز بات یہ ہے کہ اکثر چھاپوں میں چار انگلیاں نظر آتی ہیں مگر انگوٹھا غائب ہے اور انگلیوں کے سرے کے پور کٹے ہوئے مگر بعض پنجے پورے بھی ہیں۔ ان چھاپوں میں بائیں ہاتھ کی کثرت ہے اور یہ قدرتی بات ہے، کیوں کہ دائیں ہاتھ سے رنگ آمیزی کی جاتی تھی۔

قدیم حجری فن میں ہاتھ کے نشان کی جو اہمیت اور خصوصیت ہے اس پر ہم آگے چل بحث کریں گے۔ یہاں فقط اتنا بتا دینا کافی ہے کہ حجری فن کے ہیئتی ارتقا کی سب سے ابتدائی شکل ہاتھ کے یہی چھاپے ہیں۔ اسی غار میں عورت کے جنسی عضو کی شکل بھی الگ کندہ ہے اور ایک مرغابی کو پانی میں تیرتا دکھایا گیا ہے۔

ابتدا میں عام خیال یہی تھا کہ قدیم حجری دور میں فنکار اپنی تصویریں اور مجسمے فقط غار کے عمیق ترین گوشوں میں بناتے تھے یا نہایت دشوار گزار مقامات پر جو تنگ و تاریک ہوتے تھے۔ التمیرا اور اس قبیل کے غاروں سے یہی نتیجہ نکلتا ہے مگر جنوبی اور مشرقی اسپین میں جو دریافتیں ہوئیں ان سے اس خیال کی تردید ہوگئی کیوں کہ ان خطوں میں بکثرت رنگین تصویریں زمین کے اوپر چٹانوں پر منقوش یا کندہ ملی ہیں۔ شاید اس عہد کے فنکاروں نے تصویریں غاروں کے اندر بھی بنائیں اور کھلی ہوئی چٹانوں پر بھی۔ جو

تصویریں کھلی جگہوں پر تھیں وہ دھوپ، ہوا اور بارش کے سبب ضائع ہو گئیں اور جو غاروں میں تھیں وہ موسمی اثرات سے محفوظ رہیں۔ یہ بھی قرین قیاس ہے کہ جو قبیلے غاروں کے اندر رہتے تھے اور جن کی بود و باش نسبتاً سخت ماحول میں تھی انہوں نے غاروں میں تصویریں بنائیں اور جنوبی اسپین اور افریقہ کے لوگوں نے جو دوسری نسل سے تعلق رکھتے تھے اور نسبتاً گرم ماحول میں رہتے تھے، کھلی ہوئی چٹانوں کو ترجیح دی۔

سطح زمین سے اوپر کی حجری تصویروں کو بناتے وقت شاید مصنوعی روشنی کی ضرورت نہ پڑی ہو لیکن گہرے غاروں اور تاریک سرنگوں میں تو دن کے وقت بھی ہاتھ کو ہاتھ نہیں سوجھتا چہ جائیکہ تصویر کشی اور کندہ کاری کرنا۔ اس لیے روشنی کا انتظام ضروری تھا۔ قدیم حجری دور میں روشنی کے لئے چراغ اور مشعل استعمال ہوتے تھے۔ ان میں چربی جلائی جاتی تھی۔ غاروں میں بہ کثرت ایسی چیزیں ملی ہیں جن سے چراغ یا مشعل کا کام لیا جاتا تھا۔ کئی مقامات پر پتھر کے ایسے دیے بھی دست یاب ہوئے ہیں جن میں چربی کے ٹکڑے اور جلی ہوئی بتیوں کے گل موجود تھے۔ اسی طرح جلی ہوئی لکڑی کے ٹکڑے بھی افراط سے ملے ہیں۔

قدیم حجری دور کے فنکار تین بنیادی رنگ استعمال کرتے تھے۔ سرخ، زرد اور سیاہ۔ نیلے اور سبز رنگ کے آثار کہیں نہیں ملتے۔ شاید یہ لوگ نیلا اور سبز رنگ نہیں بنا سکتے تھے۔ یہ رنگ چونکہ جلد خراب ہو جاتے ہیں اس لیے یہ بھی ممکن ہے کہ ہزاروں سال بعد اب یہ اڑ چکے ہوں۔ یہ رنگ اشیا سے بنائے جاتے تھے نہ کہ نباتات سے۔ کالے رنگ کے لیے تو لکڑی کا کوئلہ یا چراغ کا دھواں موجود ہی تھا البتہ سرخ اور زرد رنگ مینگنیز، سیندور اور لوہے کے آکسائڈ سے بنائے جاتے تھے۔ یہ معدنی اشیا خود غاروں میں یا نواح میں افراط سے پائی جاتی تھیں۔ ان معدنی رنگوں کے باریک سفوف کو جانور کے خون،

چربی اور انڈے کی سفیدی میں گوندھ لیا جاتا تھا۔ موقلم کی جگہ ابتدا میں انگلیوں سے کام لیا گیا، پھر درخت کی پتلی پتلی شاخوں یا پرندوں کے پر کو کچل کر ان سے قاز بنائے گئے۔ زیادہ باریک کام کے لیے ہڈی کی پتلی پتلی تیلیوں کو پتھر پر رگڑ کر نوک نکال لیتے تھے۔ ان رنگوں کو پتھر کی تھالیوں میں رکھا جاتا تھا۔ چنانچہ غاروں میں رنگوں کی تھالیاں اور برش کثرت سے ملے ہیں۔ کندہ کاری پتھر کے نکیلے ٹکڑوں سے کی جاتی تھی۔

یہ فن پارے ایک سال یا ایک صدی کے اندر نہیں بنائے گئے بلکہ وہ انسان کی ہزاروں سال کی محنت کا ثمر ہیں، شکاریوں کے قافلے آتے، چند مہینے یا چند سال ایک مقام پر رہتے۔ اپنی ضرورت، ذوق اور صلاحیت کے مطابق غاروں میں نقش ونگار بناتے اور پھر شکار کے تعاقب میں کسی اور سمت راہ لیتے۔ برسوں بعد وہاں کسی دوسرے قبیلے کا گزر ہوتا تو وہ ان غاروں کو دوبارہ روشن کرتا اور اپنی ضرورت اور صلاحیت کے مطابق تصویریں بناتا۔ کبھی پرانی تصویروں سے ہٹ کر کبھی ان پہلو میں، اور کبھی انہیں کے اوپر۔

چنانچہ بعض غاروں میں تصویروں کے خط اور رنگ آپس میں اس طرح گڈمڈ ہوگئے ہیں کہ ان کو الگ کرنا بہت مشکل ہے۔ اس گڈمڈ کی وجہ سے تصویروں کو فنی نقصان ضرور پہنچا ہے لیکن ماہرین آثار کے لیے اب ان تصویروں کے مختلف عہد اور ادوار متعین کرنا آسان ہو گیا ہے۔ مثلاً ایبے بروئیل اور اوبر میئر نے فقط فونت دے گام کے غار میں سات مختلف ادوار کا سراغ لگایا ہے۔ بعض غاروں میں تو تیرہ چودہ ادوار کے آثار موجود ہیں لیکن ہنوز یہ بات یقین سے نہیں کہی جاسکتی کہ ان ادوار میں ایک سو سال کا فرق ہے یا ایک ہزار سال کا۔ بعض اوقات یوں بھی ہوا کہ ایک قبیلے نے چند تصویریں بنائیں اور رخصت ہو گیا اور جب دوسرا قبیلہ آیا تو اس نے ان تصویروں کو جوں کا توں رہنے دیا البتہ چند تصویروں کا اضافہ کر کے ایک نیا منظر ترتیب دے دیا۔

بہر حال قدیم حجری دور کے اس فن نے ارتقا کی خواہ کتنی منزلیں کیوں نہ طے کی ہوں اور وقت اور قبیلوں کے فرق کے سبب سے خواہ اس فن میں کتنی تبدیلیاں کیوں نہ آئی ہوں مگر ان کے فن کی غرض وغایت اور نوعیت اور خصوصیت میں کبھی فرق نہیں آیا اور نہ اس کی بنیادی ہیئت بدلی۔ ہر دور میں آرٹ کا محور، مرکز اور محرک شکاری جانور ہی رہا، وہ جانور جس کی افزائشِ نسل پر اور جس کے شکار پر خود انسان کی پوری زندگی کا دارومدار تھا۔ اس پورے عہد میں جانورں کی جو شکلیں بنائی گئیں وہ اصل کے عین مطابق ہیں۔ بالکل سچی اور نمائندہ تصویریں۔ یہ دوسری بات ہے کہ ابتدائی زمانے میں ناتجربہ کاری کے باعث یہ تصویریں نسبتاً بھونڈی اور ناقص تھیں۔

ان تصویروں کی عمر کی بابت اندازہ لگایا گیا ہے کہ ان میں سب سے قدیم وہ ہیں جو کم سے کم چالیس ہزار سال پرانی ہیں اور جدید سے جدید نقش و نگار بھی دس ہزار برس پرانے ضرور ہیں۔

قدیم حجری دور میں مصوری، کندہ کاری اور مجسمہ سازی کے فن کی ابتدا کیسے ہوئی۔ انسان نے سب سے پہلا نقش کیوں اور کیوں کر بنایا۔ وہ کون سے محرکات تھے جنہوں نے اسے اس ایجاد پر آمادہ کیا۔ کیا وہ پیدائشی فنکار تھا اور نقش گری اس کی فطرت اور جبلت میں داخل تھی یا خارجی حالات، اثرات نے اس میں یہ شعور پیدا کیا۔ کیا کسی وجدانی اور غیر شعوری جذبے نے اس میں تصویر کشی کی امنگ پیدا کی اور اس نے دیواروں پر خط اور رنگ کے حسین مرقعے بنانے شروع کر دیے یا اس تخلیقِ فن کے اسباب مادی اور تاریخی ہیں؟ مگر ان سوالوں کے جواب کیوں نہ خود فنکاروں سے پوچھیں۔ گو ان کی زبانیں مدت گزری بند ہو چکی ہیں اور ان کے مو قلم بھی ہزاروں برس سے سوکھے پڑے ہیں لیکن شاید ان کی تصویریں اور ان کے نقوش ہماری کچھ مدد کر سکیں۔

غاروں کے نقش ونگار کا بغور مطالعہ کرنے سے پیشتر ہمیں ایک نہایت اہم نکتہ ذہن نشیں کرلینا چاہئے۔ وہ یہ ہے کہ مصوری کے فن کو ایجاد کرتے وقت انسان کو قطعاً یہ احساس نہ تھا کہ وہ کسی فن کی داغ بیل ڈال رہا ہے۔ ٹی۔ ایس۔ ایلیٹ نے کلچر کی بحث میں ایک جگہ لکھا ہے کہ کلچر بسا اوقات وہ لوگ تخلیق کرتے ہیں جن کو خبر بھی نہیں ہوتی کہ وہ کلچر تخلیق کر رہے ہیں۔ یہی حال قدیم حجری دور کے انسان کا تھا۔ وہ نہ تو فن کی اصطلاح سے واقف تھا اور نہ فن کی خاطر فن پیدا کر رہا تھا۔

آیئے، اب ایک غار میں چلیں۔ اس غار میں آپ کو چٹانوں پر چند نشان کھدے ہوئے نظر آئیں گے۔ یہ نشان آدمیوں نے نہیں بنائے بلکہ برفانی عہد کے بڑے بڑے ریچھوں نے اپنے ناخنوں سے کھودے تھے۔ ریچھ قدیم حجری دور کے انسانوں کا ہم عصر تھا اور آدمیوں کی مانند غاروں میں رہتا تھا۔ وہ اپنے سامنے کے پنجوں کو تیز یا صاف کرنے کی خاطر چٹان پر رگڑتا تھا۔ اس کے پنجے اتنے مضبوط اور اس کے دانت اتنے تیز تھے کہ ان کو رگڑنے سے پتھر پر نشان پڑ جاتے تھے۔ اب ذرا ان نشانوں کا مقابلہ ان نشانوں سے کیجئے جو التمیرا کے غار میں انسان نے اپنی انگلیوں سے دیوار کی مٹی پر کھینچے ہیں۔ ریچھ نے ناخنوں سے جو کیاریاں بنائی ہیں اور انسان نے جو جلیبیاں اور سوئیاں بنائی ہیں ان میں بڑی مشابہت پائی جاتی ہے۔ اسی بنا پر علمائے آثار قدیمہ کا خیال ہے کہ قدیم انسان نے ریچھ کی دیکھا دیکھی یہ نشان بنائے تھے۔

مگر انسان نے ریچھ کی نقل کیوں کی!

اس لیے اس نے ریچھ میں اور اپنے آپ میں بہت سی باتیں مشترک باتیں پائیں۔ ریچھ انسان کی مانند غار میں رہتا تھا۔ اس کے جسم پر بھی بڑے بڑے بال تھے۔ وہ اپنے سامنے کے پاؤں سے قریب قریب وہی کام لیتا تھا جو انسان اپنے ہاتھوں سے لیتا تھا۔ شاید

اس کے بڑے بڑے ناخنوں والے بال دار ہاتھ ریچھ کے ناخن اور پنجوں سے ملتے جلتے ہوں۔ ریچھ انسان کی مانند پاؤں پر کھڑا ہو جاتا تھا۔ انسان ہی کی طرح درختوں پر چڑھ کر پھل توڑتا تھا اور جانوروں کا شکار کرتا تھا مگر بہت سی باتوں میں وہ انسان سے افضل تھا۔ مثلاً وہ انسان سے کہیں زیادہ طاقتور تھا۔ ریچھ کی جنسی قوت کی جو حکایتیں سنی جاتی ہیں ممکن ہے قدیم انسان نے اس قوت کا مشاہدہ بھی کیا ہو، شاید قدیم انسان نے ریچھ کی جسمانی طاقت کا مرکز اس کے ہاتھوں اور ناخنوں کو سمجھا ہو اور یہ سوچا ہو کہ اگر میں بھی پتھر پر انگلیوں سے نشان بناؤں تو میرے ہاتھوں میں بھی وہی طاقت آجائے گی جو ریچھ میں ہے چناں چہ اوبر میئر اوبر میسر کہتا ہے،

"ان جھجکے جھجکے سے ناقص نشانوں کی ابتدا بلاشبہ خارجی اثرات سے ہوئی۔ اس کے لیے ہمیں کم سے کم مغربی یورپ میں غار میں رہنے والے ریچھ کا ممنون ہونا چاہئے، مگر اس سے یہ بھی ثابت ہو جاتا ہے کہ انسان تحت الشعور میں فنی رجحان پہلے سے موجود تھا۔ ریچھ کے کھرچے ہوئے نشانوں کی بدولت انسان نے جو ابتدائی کوششیں کیں انہیں ہم آرٹ کا نام دیں یا نہ دیں لیکن یہ طے شدہ امر ہے کہ قدیم انسان میں اگر ایسی صلاحیت ابتدا ہی سے ودیعت نہ کی گئی ہوتی جو فنی اثر قبول کرلے اور پھر خود فن کی تخلیق کر سکے تو وہ کبھی فنکار نہیں بن سکتا۔"

غرض کہ کندہ کاری کی سب سے پہلی مشق جلیبیوں اور سویوں کے سے وہ لہراتے اور بل کھاتے نشان تھے جو انسان نے ریچھ کی دیکھا دیکھی غار کی دیواروں پر جمی ہوئی گیلی مٹی پر اپنی انگلیوں سے کھینچے۔ ان نشانوں میں بڑی حرکت اور روانی ہے۔ مگر انسان ریچھ کی اس نقالی سے بہت جلد آزاد ہو گیا۔ اس کا تشکیلی اور تصویری شعور ابھر آیا اور وہ ان سویوں جیسی لکیروں ہی سے جانوروں اور عورتوں کے خاکے بنانے لگا۔ اس نے انگلیوں کا

استعمال ترک کر دیا اور ان خاکوں کے لیے دو شاخی، سہ شاخی سینگ یا لکڑی کے ٹکڑوں سے کام لینے لگا۔ گیلی مٹی میں کھدے ہوئے یہ خاکے چونکہ بہت جلد خراب ہو جاتے تھے اس لیے اس نے پتھر کے نکیلے اور تیز ٹکڑوں کی مدد سے یہ خاکے چٹانوں میں کھودنے شروع کر دیے۔

پروفیسر جوہانز مارنگز کا خیال ہے کہ رنگین تصویروں کی ابتدا کا زمانہ بھی وہی ہے جو کندہ کاری کا ہے اور فن مصوری کے عہد ترقی کی تاریخ بھی غاروں کے بغور مطالعے سے بآسانی مرتب ہو سکتی ہے۔ پروفیسر کی رائے میں سب سے پرانی تصویریں وہ ہاتھ ہیں جو برفانی انسان نے دیواروں پر بنائے۔ ہاتھوں کے یہ چھاپے ابتدائی عہد سے تعلق رکھتے ہیں۔ یہ چھاپے سل ہوٹ ہوتے تھے۔ انسان اپنا ہاتھ گیلی چٹان پر رکھ دیتا تھا۔ انگلیوں کو پھیلا دیتا تھا اور پھر ایک نالی کے ذریعے رنگین سفوف کو انگلیوں کے گرد پھونکتا تھا یا رنگ کو پانی میں گھول کر ہاتھ میں ڈبو دیا جاتا تھا۔ پھر اس کی چھاپ دیوار پر لگا دی جاتی تھی۔ ایسے سرخ، بادامی، اودے، زرد، سیاہ اور سفید چھاپے متعدد غاروں میں ملے ہیں۔ آہستہ آہستہ یہ ہاتھ غائب ہو جاتے ہیں اور ان کی جگہ رنگین لہریے لے لیتے ہیں۔ یہ لہریے انگلیوں کو رنگ میں ڈبو کر بنائے جاتے تھے۔ ابتدا میں بھری مٹی پر انگلیوں سے جو بے رنگ نشان کھینچے جاتے تھے، ان کے مقابلے میں یہ رنگین نشان زیادہ جاذبِ نظر ہوتے ہوں گے اور غار کے اندھیرے میں سرخ اور زرد رنگوں کی چمک کا اثر ابتدائی انسان کے جذبات اور احساسات پر بہت شدید ہوتا ہو گا۔ ان لہریوں کے درمیان جانوروں کی ابتدائی شکلیں بھی ملنے لگتی ہیں۔

شروع میں جانوروں کی یہ شکلیں دراصل خاکے ہیں جن کے لیے دو یا تین متوازی لکیروں سے کام لیا گیا ہے۔ تب کہیں واحد لکیروں کی باری آئی ہے۔ یہ واحد لکیریں بھی

پہلے موٹی ہیں، پھر پھیکی پھیکی سی جیسے کسی نے انہیں سوختے سے خشک کیا ہو اور تب وہ باریک ہوتی گئی ہیں۔ خاکوں میں رنگ بھرنے کا دور بہت بعد میں آیا۔ ابتدا میں جانوروں کے خاکے بھونڈے ہوتے تھے۔ ان کے اعضا اکڑے اکڑے سے اور سخت ہوتے تھے اور جسم کے وہی حصے بنائے جاتے تھے جو قریب اور سامنے سے نظر آتے ہیں مگر کچھ عرصے کے بعد خاکوں میں روانی آجاتی ہے اور وہ متحرک نظر آنے لگتے ہیں۔

قدیم حجری دور میں فن مصوری کا آغاز ہاتھ کے چھاپوں سے کیوں ہوا، جانوروں کی تصویروں سے کیوں نہیں ہوا؟ اس کی سب سے معقول توجیہ میکس رفیل نے کی ہے۔

"دراصل جو چیزیں انسان کو دوسرے جانوروں سے ممتاز کرتی ہے وہ اس کے ہاتھ ہیں۔ اس کے یہ معنی نہیں ہیں کہ انسان کی بقااور ترقی میں دماغ اور زبان کی اہمیت کم ہے، مگر جس عضوِبدن کی بدولت وہ دوسرے جانوروں سے الگ ہوا، جو اس کا سب سے کارآمد اور مؤثر حربہ اور اوزار ثابت ہوااور جس کی مدد سے اس نے تسخیر قدرت کی ابتدا کی، وہ اس کے ہاتھ ہی تھے۔"

دانشوروں میں اب تک اس بات پر شدید اختلاف پایا جاتا ہے کہ فکر اور گویائی کی طاقت فقط انسان کا خاصہ ہے یا دوسرے جانور بھی اپنے انداز میں سوچتے اور بولتے ہیں۔ بعض دانشور کہتے ہیں کہ دماغ اور زبان انسان کا اجارہ ہیں۔ بعض کہتے ہیں کہ نہیں، دوسرے جانوروں کے پاس بھی دماغ اور زبان موجود ہے اور ثبوت میں یہ دلیل پیش کرتے ہیں کہ جس چیز کو ہم سریا بھیجا کہتے ہیں تمام جانوروں کے پاس ہے۔ پھر کیا وجہ ہے کہ ہم ان کو قوتِ فکر سے محروم قرار دیں۔ اسی طرح وہ اعضا بھی جو کلام کے لیے ضروری ہیں یعنی زبان، دانت، حلق، منھ اور سر، اکثر جانوروں میں پائے جاتے ہیں۔ چنانچہ اکثر جانور منھ سے طرح طرح کی آوازیں بھی نکالتے ہیں۔ لہٰذا فقط اس بنا پر کہ ہم

ان آوازوں کا مفہوم نہیں سمجھ سکتے، ہم ان کو بے زبان کہنے کا حق نہیں رکھتے۔ مگر اس بات پر تمام دانشوروں کا اتفاق ہے کہ جس عضو بدن کو ہم ہاتھ کہتے ہیں، وہ فقط انسان کو نصیب ہے اور اس عضو سے جو کام انسان لیتا ہے، دوسرا کوئی جانور اپنے کسی عضو سے کام نہیں لے سکتا۔

در اصل انہیں ہاتھوں نے انسان کو صحیح معنی میں انسان بنایا۔ ان ہاتھوں کی سب سے بڑی خصوصیت یہ ہے کہ ان کے ذریعے انسان نے تخلیق کا عمل شروع کیا۔ اس نے ان کی مدد سے نئی چیزیں پیدا کیں۔ دنیا کا کوئی دوسرا جانور مظاہر قدرت میں کوئی تبدیلی نہیں کر سکتا بلکہ اس کی اطاعت پر مجبور ہے کیونکہ وہ خود کوئی چیز پیدا کرنے اور بنانے پر قادر نہیں ہے۔ اس کے برعکس انسان پیدا آور جانور ہے۔ اس نے پتھر کے ٹکڑوں کو رگڑ کر آگ پیدا کی ہے، آلات و اوزار بنائے ہیں، پوشاک تیار کی ہے، مٹی کے برتن گڑھے ہیں، زمین کھود کر نئی فصلیں اگائی ہیں، اونچی اونچی عمارتیں کھڑی کی ہیں، تحریر کا فن ایجاد کیا ہے، کارخانے اور فیکٹریاں تعمیر کی ہیں اور برقی اور ایٹمی طاقت پیدا کی ہے اور یہ ساری تخلیقیں اور ایجادیں براہ راست ہاتھوں سے ہوئی ہیں۔

ہزاروں سال پیشتر کا ابتدائی انسان دماغ کے پراسرار اور پوشید عمل سے واقف نہیں ہو سکتا تھا اور نہ وہ ذہن اور ہاتھوں کے تخلیقی عمل میں جو رشتہ ہے اس کا ادراک کر سکتا تھا البتہ وہ ہاتھوں کی معجز نمائیوں کو دیکھ سکتا تھا، محسوس کر سکتا تھا، اس کا سارا سرمایۂ حیات واقعی یہی ہاتھ تھے۔ پھر وہ اس دولت آفریں عضو بدن کو سحر سے معمور کیوں نہ خیال کرتا۔

ہاتھ اس کے نزدیک جسمانی طاقت کی علامت تھے، اس لیے بڑی اہمیت رکھتے تھے۔ سب سے بڑی بات یہ ہے کہ وہ ہاتھوں ہی سے شکار کرتا تھا۔ چناں چہ اس کی منطق

یہ تھی کہ اگر کسی ترکیب سے ہاتھوں کی تعداد بڑھائی جا سکے تو شکار کی تعداد بھی بڑھ سکتی ہے۔ چھاپے چونکہ ہاتھ کا ہو بہو عکس ہوتے تھے، اس لیے قدیم انسان کے نزدیک ان میں ہاتھوں کی تاثیر کا ہونا لازمی تھا۔ وہ چھاپوں کو بے جان تصویریں نہیں سمجھتا، کیوں کہ جاندار اور بے جان کے فرق سے ہنوز اس کا ذہن ناآشنا تھا۔

کوئی فن ایک دن میں نہیں آتا بلکہ اس کو سیکھنے کے لیے پیہم مشق کرنی پڑتی ہے۔ آج کل تو خیر حصول فن کے لیے درس گاہیں موجود ہیں جہاں کہنہ مشق استاد اپنے نوآموز شاگردوں کو فن کی تعلیم دیتے ہیں مگر کیا اب سے چالیس ہزار سال پیشتر بھی استاد اور مدرسے ہوتے تھے؟ شواہد کہتے ہیں کہ استاد شاگرد کا رشتہ اس وقت بھی موجود تھا اور قبیلے کے نوجوانوں کو مصوری اور کندہ کاری کا فن باقاعدہ سکھایا جاتا تھا۔ مثلاً لیموئیل کے غار میں ایک ہی مقام پر پتھر کی ۱۳۷ چھوٹی چھوٹی تختیاں ملی ہیں جن پر نقاشی کی مشق کی گئی ہے۔ ان میں بعض خاکے بہت اچھے ہیں اور بعض بے حد ناقص۔ ان پر جابجا کسی استاد کی اصلاح بھی نظر آتی ہے۔ اسی طرح پاریالو (اسپین) کے غار میں پتھر کی ۱۴۳۰ تختیاں ملی ہیں جن پر تصویریں کھدی یا بنی ہیں۔

پتھر کا ایک ایسا ٹکڑا بھی ملا ہے جو تصویروں سے لپا ہوا ہے۔ الٹی سیدھی، آڑی ترچھی، اوپر تلے، پشت پر غرض کہ سیکھنے والے نے اس ایک ٹکڑے پر لاتعداد شکلوں کی مشق کی ہے، ہونہار شاگرد تعلیم سے فارغ ہو کر خود استاد بن جاتے تھے۔ سحر کی رسوم بھی یہی فنکار ادا کرتے تھے، ابتدا میں ان ساحروں اور فنکاروں کی حیثیت قبیلے کے دوسرے افراد سے مختلف نہ تھی اور نہ انہیں خاص کر رعایتیں حاصل تھیں مگر فن کے تقاضے اور ادائیگی رسوم کی ضرورتیں بڑھیں تو ساحروں کو شکار یعنی حصولِ غذا کے فرائض سے مستثنٰی کر دیا گیا۔ وہ اپنے سحر اور فن کے ذریعے قبیلے کو شکار حاصل کرنے میں

مدد دیتے تھے اور قبیلہ اس کے عوض ان کو غذا فراہم کرتا تھا۔

غاروں کے نقش و نگار خود پکار پکار کہہ رہے ہیں کہ ہم اناڑی ہاتھوں کی تخلیق نہیں ہیں بلکہ ہمیں بڑے کہنہ مشق استادوں نے بنایا ہے۔ ایسے صاحب فن استاد جن کی آنکھوں نے اپنے گرد و پیش کے جانوروں کا، ان کے عادات و خصائل کا، کردار، مزاج اور حرکات کا بہت گہرا مطالعہ کیا تھا۔ یہ فنکار جانتے تھے کہ حملہ کرتے وقت یا دوڑتے وقت جانور کے جسم کی داخلی اور خارجی کیفیت کیا ہوتی ہے اور جانور زمین پر بیٹھا یا آرام کرتا ہو تو اس کی دھج کیا ہوتی ہے۔ تجربے اور مشاہدے سے اس نے یہ بھی سیکھ لیا تھا کہ جسم کے کس حصے پر بھالے کی ضرب سے جانور کو گرایا جا سکتا ہے۔

غار کی تصویروں پر نیزوں اور بھالوں کی مشق کے جو نشان بنے ہیں، ممکن ہے کہ ان کا مقصد نو آموز شکاریوں کی تعلیم ہو۔ ابتدائی حجری دور کا انسان کفایت شعاری کرنے پر مجبور تھا۔ اس کے پاس نہ تو آلات و اوزار کی فراوانی تھی اور نہ جانوروں کی۔ وہ نہ تو آلات شکار ضائع کر سکتا تھا اور نہ شکار۔ یوں بھی بعض جنگلی جانور بڑے خطرناک ہوتے تھے اور چونکہ وار بہت قریب سے کیا جاتا تھا، اس لئے اندیشہ رہتا تھا کہ وار خالی ہونے کی صورت میں شکار کہیں پلٹ کر حملہ نہ کر دے لہٰذا دور اندیشی کا تقاضا تھا کہ جانوروں کے ہو بہو مجسمے اور تصویریں بنائی جائیں اور نئے شکاریوں سے ان پر نیزہ اندازی کی مشق کرائی جائے تاکہ نشانہ پختہ ہو جائے، تب انہیں شکار کی مہم میں شریک ہونے کی اجازت دی جاتی تھی۔ آج کل جو چاند ماریاں یا فوجی مشقیں ہوتی ہیں ان کا بھی یہی مقصد ہے۔۔ پرانے زمانے میں دیو پیکر جانوروں کا شکار جنگی مہم سے کم خطرناک نہ ہوتا تھا۔

ہر عہد کا فن روحِ عصر کا ترجمان یا نمائندہ ہوتا ہے۔ اس میں معاشرے کے اجتماعی اور انفرادی ہیجانات و اضطراب کی جھلک پائی جاتی ہے۔ وہ معاشرے کی کلفتوں اور

اذیتوں، آرزوؤں اور امنگوں کا اظہار کرتا ہے، اس کی خوشیوں اور کامرانیوں کے گیت گاتا ہے، اس کی قدروں کی پاسداری کرتا ہے اور اس کے مروجہ عقائد و تصورات کی خدمت کرتا ہے۔ چناں چہ قدیم مصری آرٹ کا محور اور محرک مردہ پرستی ہے کیوں کہ مصر کے فرعونوں اور پروہتوں نے بڑی چالاکی سے پوری قوم کو حیات بعد الموت کے جال میں پھنسا رکھا تھا۔ خود نہایت عیش و آرام کی زندگی گزارتے تھے اور عام رعایا کو دوسری دنیا کا سبز باغ دکھاتے تھے۔ وہ بھی اس شرط پر کہ رعایا فرعون اور دوسرے برگزیدہ بندوں کی بے چوں چرا خدمت کرتی رہے۔

اسی طرح یونان اور ہندوستان کے فنون کی بنیاد صنم پرستی پر ہے اور قرونِ وسطیٰ کے مغربی فن کی مسیحی عقائد کی ترویج و اشاعت پر۔ فن اور معاشرے کا یہ تعلق فقط مقصد اور ماہیت تک محدود نہیں ہے بلکہ فن کی ہیئت اور طرز ادا میں بھی روح عصر کا پرتو صاف نظر آتا ہے۔ مثلاً زراعت کی ایجاد کے بعد ہر ملک کا فن اقلیدسی اصول کا پابند ہو گیا۔ چنانچہ مصر اور بابل کے تمام مجسمے، تصویریں اور عمارتیں دراصل ایک مثلث ہیں۔ اس کے برعکس جسم انسانی سے لذت لینے والے یونانیوں اور ہندوستانیوں کا تمام آرٹ، جسم انسانی کی بنیادی ساخت کے تابع ہے۔ ایک خط مستقیم ہے جو ریڑھ کی ہڈی کی مانند پوری تصویر کا بوجھ برداشت کرتا ہے اور جس طرح جسم انسانی میں تناسب موجود ہے، یعنی ریڑھ کی ہڈی کے ایک سمت ایک ہاتھ ہوتا ہے اور دوسری سمت دوسرا ہاتھ، یا دو آنکھیں اور دو پاؤں ہوتے ہیں، اسی طرح ان ملکوں کی تصویروں میں بھی تناسب پایا جاتا ہے۔

مگر قدیم حجری دور میں انسانی معاشرے کے بارے میں ہماری معلومات اتنی مختصر اور ناکافی ہیں کہ اس عہد کے فن کے مقاصد و محرکات کی تہہ تک پہنچنا آسان نہیں ہے۔

یہی وجہ ہے کہ آثار قدیمہ کے عالموں میں غاروں کی تصویروں، کندہ کاریوں اور مجسموں کی غرض وغایت کے بارے میں اختلاف پایا جاتا ہے۔ بعض دانشوروں کا خیال ہے کہ یہ فن پارے دراصل وقت کاٹنے کے مشغلے تھے۔ بارش، برف باری یا شدید سردی میں لوگ جب غاروں میں بیکار بیٹھتے تھے تو دل بہلانے کی خاطر تصویریں بنایا کرتے تھے۔ اسی سے ملتا جلتا وہ دبستانِ فکر ہے جس کا خیال ہے کہ یہ تصویریں فقط ذوق جمال کی تسکین اور اظہار حسن کے جذبے کے تحت بنائی گئیں۔ ان تصویروں کا مقصد فقط غاروں کی آرائش وزیبائش تھی۔ مگر ان جمالیاتی اور تفریحی نظریوں کے خلاف بکثرت داخلی اور خارجی شہادتیں موجود ہیں۔

اول یہ کہ قدیم انسان نے یہ تصویریں ان غاروں میں نہیں بنائیں جن میں وہ رہتا تھا۔ اس کا ثبوت یہ ہے کہ مصور غاروں میں بود وماند کے کوئی آثار نہیں ملتے۔ وہاں نہ جانور کی ہڈیاں پائی گئی ہیں اور نہ کوئلے اور راکھ کے ڈھیر۔ اس کے برعکس فنکاروں نے بسا اوقات غیر آباد غاروں کے کسی نہایت تاریک اور تنگ گوشے کو چنا ہے۔ ان غاروں میں روشنی کا گزر نہ تھا۔ وہاں پہنچنے کے لیے انہیں رینگ کر جانا ہوتا تھا اور تصویر بنانے کے لیے زمین پر لیٹ کر کام کرنا ہوتا تھا۔ ظاہر ہے کہ تفریح کے لیے یا ذوق جمال کی تسکین کے لیے کوئی اتنے پاپڑ نہیں بیلتا۔

دوسرے یہ کہ بکثرت تصویریں غاروں کے ایک مخصوص حصے میں ایک دوسرے کے اوپر بنائی گئی ہیں۔ حالانکہ بالکل قریب کی چٹانیں بالکل خالی پڑی ہیں۔ اس سے یہ نتیجہ نکلتا ہے کہ سحر پر اعتقاد رکھنے والے قدیم انسانوں کی نظر میں ان مخصوص جگہوں کی بڑی اہمیت تھی۔ یہ جگہیں بڑی سہاگی تھی۔ بڑی آور تھیں۔ ایک کے اوپر دوسری تصویر بنانے کی روایت غالباً اس طرح پڑی ہوگی کہ پہلے کسی قبیلے نے اپنے سحر کے لیے غار

کا ایک حصہ چنا ہو گا اور وہاں شکاری جانوروں کی تصویریں بنائی ہوں گی اور افزائش نسل اور ہلاکت نسل کے سحر میں کامیاب ہوئے ہوں گے، یعنی جانوروں کی نسلیں بڑھی ہوں گی اور شکار بھی افراط سے ہاتھ آیا ہو گا۔ اس قبیلے کے چلے جانے کے بعد دوسرا قبیلہ آیا ہو گا۔ اس متبرک مقام کا علم ممکن ہے، اسے پہلے سے ہو یا وہاں پہنچ کر اس راز سے آگاہ ہوا ہو۔ زیبائش و آرائش سے نہ تو اس کے پیش روؤں کو کوئی دلچسپی تھی، نہ نوواردوں کا مقصد زیبائش و آرائش تھا۔ ورنہ وہ اپنے پیش روؤں کے شاہکار کو خراب نہ کرتے اور نہ پرانی تصویروں کے اوپر دوسری تصویریں بناتے۔ اس عمل کا مقصد یہ تھا کہ ان کا افزائشِ نسل اور ہلاکت نسل کا سحر بھی اسی طرح کامیاب ہو جس طرح ان کے پیش روؤں کا ہوا تھا۔

تیسرے یہ اکثر دیواری تصویروں کے ارد گرد عجیب و غریب اقلیدسی علامتیں بنی ہوئی ہیں۔ یہ علامتیں جمالیاتی اور فنی نقطۂ نظر سے بہت بھونڈی اور بے جوڑ ہیں اور تصویروں کے حسن ترتیب و آہنگ سے میل نہیں کھاتیں اور نہ اصل تصویر کا جز معلوم ہوتی ہیں۔ دراصل سحر کے علاوہ ان علامتوں کی اور کوئی توجیہہ ہو ہی نہیں سکتی۔ اسی طرح بہ کثرت تصویریں ایسی ہیں جن میں بھالے، نیزے، تیر وغیرہ کے نشان بنے ہیں جو صاف بتاتے ہیں کہ فنکار نے شکار کے مناظر کی نقشہ کشی کی ہے۔ بہت سی مصور چٹانوں پر تو بھالے، نیزے اور تیر اندازی کے نشان تک موجود ہیں، ان سے صاف ظاہر ہوتا ہے کہ تصویروں کی تکمیل کے بعد کسی خاص رسم سحر کے تحت ان پر ہتھیار پھینکے گئے تھے یا نشانے کی مشق کی گئی تھی۔

آلاتِ شکار پر بھی جانوروں کی تصویریں اسی سحر کے ماتحت بنائی گئی ہیں کیوں کہ برفانی دور کے انسان کا عقیدہ تھا کہ ہڈی، ہاتھی دانت اور پتھر کے آلاتِ شکار پر جانوروں

کے نقش کھودنے سے اصل جانور آلات کے قابو میں آجاتے ہیں۔ ہڑپا، موہن جودوڑو، مصر، عراق اور ایران وغیرہ میں قدیم زمانے کے جو نقشی ظروف ملے ہیں ان کے نقوش کا تعلق بھی عمل سحر سے ہے۔ ظروف سجاوٹ کے لیے نہیں بنائے گئے تھے اور نہ روز مرہ کے استعمال میں آئے تھے مگر اس بحث کا مطلب یہ نہیں ہے کہ برفانی دور کا انسان ذوقِ جمال یا جمالی ذوق سے خالی تھا۔

اس کی فنی آگہی کا سب سے بڑا ثبوت اس کی تصویریں ہیں، جن میں اس نے فن کے تمام تقاضے بڑی خوبصورتی سے پورے کیے ہیں۔ وہ ان تصویروں کو بڑی محنت اور محبت سے بناتا تھا۔ ان تصویروں میں خطوط کی روانی، اختصار اور سادگی، ان کے لیے اثر انگیز اور معنی خیز رنگوں کا انتخاب، ان کی گہرائی اور موزونیت غرض جس پہلو سے بھی دیکھئے ان قدیم فنکاروں کے شعور کی داد دینی پڑے گی۔ ہونہار مصوروں کو باقاعدہ تصویر کشی کی تعلیم دی جاتی تھی۔ وہ برسوں مشق کرتے تھے تب کہیں انہیں متبرک مقامات پر تصویر بنانے کی اجازت ملتی تھی۔ گھٹیا درجے کی تصویریں رد کردی جاتی تھیں۔ عمدہ تصویروں کے نمونے اور چربے دور دور بھیجے جاتے تھے یا محفوظ رکھ لیے جاتے تھے۔ یہ ساری کاوش و مشق، یہ ردو قبول بتاتی ہے کہ ان کا اپنا ایک معیارِ حسن اور میزانِ فن ضرور تھا۔ البتہ وہ فقط ذریعہ تھا اصل مقصد کی تسکین کا۔

بعض تصویریں ایسی ضرور ہیں جن کی حیثیت تاریخی یا یادگاری ہے۔ شاید ان کا تعلق قبیلے کی زندگی کے اہم حادثے سے ہو یا کوئی ایسا سانحہ پیش آیا ہو جس سے پورا قبیلہ متاثر ہوا ہو۔ مثلاً لیسکا کے غار میں موت کا منظر یا ریچھ اور آدمی کی لڑائی یا التمیرا کے سقف کی تصویریں۔

اب یہ سوال پیدا ہوتا ہے کہ برفانی انسانوں نے نمائندہ تصویریں کیوں بنائیں۔

تجریدی تصویریں کیوں نہیں بنائیں۔ پروفیسر ہینز کون کا خیال ہے کہ برفانی انسان کا ذہن فقط ٹھوس حقیقتوں کا تصور کر سکتا تھا۔ وہ جو کچھ دیکھتا تھا اس کی ہو بہو نقل بنا سکتا تھا، مگر ابھی اس کے ذہن نے اتنی ترقی نہ کی تھی کہ وہ ان ٹھوس حقیقتوں کی تجرید کر سکے۔ وہ درختوں کو دیکھ سکتا تھا، مگر جنگل کا تصور نہ کر سکتا تھا۔

پروفیسر ہیوگو اوبر میئر اور ایبے بروئیل اس نظریے کو نہیں مانتے۔ وہ اپنی تائید میں آدمیوں کی وہ مجرد تصویریں پیش کرتے ہیں جو جانوروں کی نمائندہ تصویروں کی ہم عصر بلکہ ان کا جز ہیں۔ ان کا کہنا ہے کہ برفانی انسان ہو بہو اور نمائندہ تصویریں بھی بنا سکتا تھا اور تجریدی عمل سے بھی واقف تھا اور حسب ضرورت ان دونوں طریقوں سے کام لیتا تھا۔ اس نے جانوروں کی نمائندہ تصویریں اس لیے بنائیں کہ ان پر آلات شکار کی مشق کرنی ہوتی تھی یا اس لیے بنائیں کہ ایک نئے اور حقیقی جانور کو اپنے سحر کے زور سے عدم سے وجود میں لانا تھا یا اسے ہلاک کرنا تھا۔ برفانی انسان کی مثال اس ریڈ انڈین کی ہے جس نے ایک آرٹسٹ کو بیسن کی تصویریں بناتے دیکھ کر شکایت کی تھی کہ تم نے ہمارے کئی بیسن اپنی کتاب میں بند کر لیے ہیں۔

برفانی دور کا انسان تین قسم کے سحر پر اعتقاد رکھتا تھا،

(۱) سحر تخلیق

(۲) سحر تخریب

(۳) سحر رضا جوئی

ان میں سب سے قدیم تخلیق کا سحر ہے۔ اس کا ثبوت اس بات سے ملتا ہے کہ برفانی عہد کے سب سے پرانے فن پارے وہی ہیں جن کا تعلق تخلیق کے سحر سے ہے۔ یہ فن پارے عورتوں کے مجسمے ہیں۔ یہ مجسمے مشرق میں جھیل بیکال سے اسپین کی شمالی سرحد تک

پائے گئے ہیں۔ یعنی اس پورے خطے میں جو عہد قدیم میں برف سے ڈھکا ہوا نہیں تھا۔

یہ مجسمے جن کی تعداد ۱۳۰ سے تجاوز کر گئی ہے اسپین، فرانس، جرمنی، اٹلی، آسٹریلیا، روس اور چیکوسلوواکیہ کے غاروں میں ملے ہیں۔ ان کی ساخت میں قبیلوں کی فنی روایتوں اور جغرافیائی حالات کے اختلاف کے باعث تھوڑا بہت فرق ضرور پایا جاتا ہے مگر اپنی نوعیت اور ماہیت کے اعتبار سے سب مجسمے یکساں ہیں۔ مثلاً پتھر کے یہ مجسمے قریب قریب سب ہی عورتوں کے ہیں اور ان میں فنکار کی توجہ کا مرکز عورتوں کے جنسی اعضا ہیں۔ ان اعضا کو بڑے مبالغے کے ساتھ نمایاں کیا گیا ہے البتہ دوسرے اعضا کو مثلاً آنکھ، ناک، منھ کو نظر انداز کر دیا گیا ہے۔ یہ مجسمے بالکل برہنہ ہیں مگر بعض مجسموں میں عورتیں زیور پہنے ہوئے ہیں۔ یہ مجسمے "ماں" کے ہیں جو تخلیق کا سرچشمہ ہے۔

ان میں سب سے مشہور مجسمہ وہ ہے جو ۱۹۰۸ء میں وِلن دراف (آسٹریلیا) کے مقام پر دریافت ہوا۔ عورت کا یہ بت ساڑھے چار انچ بڑا ہے۔ اس کے سر کے بال شہد کے چھتے کی طرح ہیں۔ اس کی چھاتیاں مشک کی مانند پھولی ہوئی اور لوکی کی مانند نیچے کو لٹکی ہوئی ہیں۔ اس کے کولھے بہت چوڑے ہیں اور پیٹ بہت بڑا ہے۔ اس کی بانہیں بہت پتلی ہیں اور پیڑو پر رکھی ہوئی ہیں۔ ظاہر ہے کہ یہ کسی کنواری لڑکی یا بانجھ عورت کا مجسمہ نہیں ہے بلکہ ایسی عورت کا مجسمہ ہے جو ماں بن چکی ہے یا ماں بننے والی ہے۔

فنی اعتبار سے پونے چھ انچ کا وہ مجسمہ بھی نہایت حسین اور مکمل ہے جو جنوبی فرانس میں ملا ہے۔ یہ مجسمہ بھی عورت کا ہے جس کے جنسی اعضا کو بڑھا چڑھا کر بتایا گیا ہے۔ قدیم انسان کے لیے جنسی اعضا کو بالخصوص عورت کے جنسی اعضا کو تخلیق کی علامت قرار دینا قدرتی بات تھی۔ اس تخلیقی عمل میں مرد کے کردار کا انسان کو شاید شعور نہ ہو لیکن عورت کے بارے میں تو کسی شک اور شبہے کی گنجائش نہ تھی کیوں کہ وضع حمل کے

کچھ عرصے کے بعد عورت کے جسم میں تبدیلیاں ہونے لگتی تھیں اور ایک دن جب مرد شکار سے واپس آتا تو غار میں اسے نو مولود بچے کے رونے کی آواز سنائی دیتی تھی۔

تخلیق کے یہی مظاہر اس نے جانوروں میں بھی دیکھے ہوں گے۔ یہی وجہ ہے کہ اس عقیدے میں عورت کی اہمیت مرد سے زیادہ تھی۔ لہٰذا عورت کا جسم تخلیق کی علامت بن گیا۔ اس وقت کے انسان کو خاندانی منصوبہ بندی کی ضرورت نہ تھی۔ بلکہ اس کا سب سے بڑا مسئلہ افزائش نسل تھا کیوں کہ آبادی بہت کم تھی۔ موسم نہایت سخت تھا۔ برف کے طوفان آتے اور ٹھنڈی اور بھیگی ہواؤں کے تیر ہڈیوں میں پیوست ہو جاتے تھے۔ بچے موسم کی اس سخت گیری کی تاب نہ لاسکتے اور بیمار ہو کر مر جاتے۔ دوا علاج کا بھی کوئی انتظام نہ تھا نتیجہ یہ تھا کہ صغر سنی کی موت عام تھی۔

قبیلوں کے لیے اپنی زندگی کی بقا اور اپنی نسل کی افزائش اتنی ہی اہم تھی جتنی شکار کی تلاش۔ آبادی کی قلت کے باعث جنگلی جانوروں کے شکار میں بھی دشواری پیش آتی تھی۔ قبیلے کی آبادی زیادہ ہوتی تو شکار بھی زیادہ ہاتھ آتا تھا۔ آبادی کم ہوتی تو شکار بھی کم ملتا تھا اور جب شکار کم ملتا تو آبادی کی قوتِ مدافعت گھٹنے لگتی اور قبیلے کی تعداد اور کم ہو جاتی۔ غرض پورا معاشرہ بدی کے ایک چکر میں مبتلا تھا اور اس چکر سے نکلنے کی بس یہی ایک صورت تھی کہ نسل انسانی میں جس طرح بھی ہو، اضافہ کیا جائے۔ چنانچہ افزائش نسل کے لیے مادر تخلیق کے مجسمے بنائے گئے تاکہ تخلیق کے سحر میں کام آسکیں۔ یہ کوئی نہیں بتا سکتا کہ یہ سحر کیا تھا۔ شاید عورت اور مرد مباشرت سے پہلے اس مجسمے کو چھوتے ہوں یا اپنے بعض اعضا کو اس پر رگڑتے ہوں یا جب عورت یا مرد سنِ بلوغ کو پہنچتا تو جادوگر ان کو پاس بٹھا کر کوئی منتر پڑھتا یا کوئی خاص رسم ادا کرتا۔

بعض پرانی قوموں میں اب بھی یہ رواج ہے کہ لڑکی کو جب پہلی بار حیض آتا ہے تو

بستی میں بڑی خوشی منائی جاتی ہے۔ لڑکی کو سرخ رنگ کی پوشاک پہنائی جاتی ہے کہ سرخ رنگ قدیم سے زندگی کی علامت ہے اور پھر سب لوگ اسے مبارک باد دیتے ہیں۔ یہ رسمیں اسی زمانے کی یادگار ہیں جب افزائشِ نسل ایک اہم سماجی عمل تھا۔ بہر حال برفانی انسان کے لیے یہ مجسمے تخلیق کی علامت تھے۔ اس سے غرض نہیں کہ وہ ان کو چھوتا تھا یا ان پر منتر پڑھتا تھا البتہ یہ ثابت شدہ بات ہے کہ وہ ان مجسموں کی پرستش نہیں کرتا تھا کیوں کہ ابھی تک اس میں اپنے سے افضل واعلیٰ کسی خارجی طاقت کا شعور پیدا نہیں ہوا تھا۔ ان غاروں میں جہاں یہ مجسمے تھے، پرستش کے کوئی آثار بھی نہیں ملے ہیں نہ چڑھاوے کی چیزیں نکلی ہیں اور نہ قربانی کے نشان۔ البتہ کئی ہزار سال بعد جب آنے والی نسلوں نے دیوی دیوتا بنائے تو اس مادرِ تخلیق نے کہیں عشتار کا روپ دھارا، اور کہیں وہ ناہید، افرودیتی یا وینس کی شکل میں لوگوں کی عبادت کا مرکز بن گئی۔

مادر تخلیق کے یہ مجسمے تاریخی اعتبار سے سب سے قدیم ہیں اور ان کا محرک نسلِ انسانی کی افزائش کا جذبہ ہے البتہ بعد میں جب آبادی بڑھ گئی اور نسلِ انسانی کی افزائش سے زیادہ جانوروں کی افزائش ضروری خیال کیا جانے لگا تو عورتوں کے ان مجسموں کی جگہ حاملہ جانوروں کی تصویروں نے لے لی۔ چنانچہ اسپین اور فرانس کے غاروں میں حاملہ جانوروں کی کثرت ہے۔

نسل انسانی کی افزائش اور بقا کے علاوہ برفانی انسان کا دوسرا مسئلہ یہ تھا کہ اپنے قبیلے کے لیے غذا اور دوسری ضروریاتِ زندگی کیوں کر حاصل کی جائیں۔ یہ ضروریات زندگی فقط جانوروں کے شکار سے پوری ہوتی تھیں، شکار کی یہ مہمیں آج کل کے مرغابی یا ہرن کے شکار کی مانند نہ تھیں بلکہ ان میں جان جوکھم کا سامنا کرنا پڑتا تھا۔ جنگل میں شیر، بھالو، گینڈا اور دوسرے درندے ہوتے تھے۔ ہڈی کے تیر اور پتھر کے نیزے ان پر اثر نہ

کرتے تھے۔

دوسرے جانور بھی مشکل سے ہاتھ آتے تھے۔ اس لیے شکار کی مہم سے پیشتر ہلاکتی یا تخریبی سحر کی ضرورت پڑتی تھی۔ کبھی وہ ایک رسم کے تحت دیوار پر بنی ہوئی تصویروں پر تیر، نیزے اور بھالے مارتے تھے (اس نشان بازی کے نشان تصویروں پر اب تک موجود ہیں) اور ان کو یقین ہو جاتا تھا کہ ان کا شکار ہلاک ہو گیا یا ہو جائے گا۔ کبھی ساحر انہیں ان تصویروں کے روبرو لے جاتا تھا جن میں جانوروں کو جال میں پھنسا ہوا یا سحر کے اثر سے بے بس اور لاچار دکھایا گیا ہے یا جن کے جسم میں زخم کے نشان بنے ہیں اور وہ خون آلودہ ہیں یا جن کے جسم میں آلاتِ شکار پیوست ہیں۔ ان رسموں کے بعد شکاری بڑی خود اعتمادی اور یقین سے اپنی مہم پر روانہ ہو جاتے تھے۔ اگر کامیاب لوٹے تو سحر کی گرفت ان کے ذہنوں پر اور مضبوط ہو جاتی تھی۔ ناکام ہوئے تو اپنے آپ کو یہ کہہ کر تسلی دے لیتے تھے کہ ادائیگی رسم میں ہم سے کوئی بھول ہو گئی ہو گی۔

رضا جوئی کا سحر درندوں اور دوسرے خطرناک جانوروں کی خوشنودی کے لیے مخصوص تھا۔ برفانی انسان ان درندوں کو ہلاک کرتے ڈرتا تھا کہ مبادا وہ یا ان کی نسل خفا ہو کر ہمیں کوئی گزند پہنچا دے چنانچہ یہ لوگ شکاری درندوں کو مارنے کے بعد ایک رسم کے تحت ان کی خوشامد کرتے تھے تاکہ ان کی خفگی دور ہو جائے۔ فرانس کے ایک غار میں مٹی کا بنا ہوا ریچھ کا ایک مجسمہ ملا ہے جس کا سر ندارد ہے البتہ اس کی گردن کے پاس خون کے نشان ہیں اور آس پاس کئی ریچھوں کی کھوپڑیاں پڑی ہیں۔ علمائے آثار نے اس سے یہ نتیجہ نکالا ہے کہ برفانی انسان ریچھ کا شکار کرنے کے بعد اس کا سر (جسے وہ جسم کا سب سے اہم حصہ سمجھتا تھا) مٹی کے دھڑ سے جوڑ دیتا تھا اور یہ سمجھ لیتا تھا کہ ریچھ کو اس کے ہاتھوں کوئی ضرر نہیں پہنچا ہے بلکہ وہ دوبارہ زندہ ہو گیا ہے۔ تب وہ ریچھ کے جسم کو

کھالیتا تھا اور اس کی کھال سے اپنے لیے پوشاک تیار کرتا تھا۔

کتنا کار آمد تھا یہ سحر۔ التمیرا کے سقف میں اسی طرح بیسنوں کی رضاجوئی کی نقشہ کشی کی گئی ہے۔ چین اور جاپان کی پرانی رسم ہے کہ باورچی سبزیوں کو پکانے سے پہلے میز پر قرینے سے سجا دیتے ہیں اور ان کے سامنے دو زانو بیٹھ کر اور ہاتھ جوڑ کر سبزیوں سے معافی کی دعا مانگتے ہیں۔

قدیم حجری دور کے ہم پر بڑے احسانات ہیں۔ اس دور میں انسان جانور سے آدمی بنا۔ تہذیب کی ابتدا ہوئی، آدمی نے آگ کا استعمال معلوم کیا، آلات اور اوزار بنائے، تسخیر قدرت کی کوششیں شروع کیں اور مادے کی ہیئت و ماہیت میں تبدیلیاں کر کے سائنس کی جانب پہلا قدم اٹھایا۔ اس نے مصوری اور مجسمہ سازی جیسے دو نہایت دلکش فن ایجاد کیے۔ حجری انسان کی فنی تخلیقات کی دریافت سے ہمارے تہذیبی سرمائے میں گراں قدر اضافہ ہی نہیں ہوا ہے بلکہ جدید انسان کا نقطۂ نظر بھی بدلا ہے۔ ان دریافتوں سے پیشتر دورِ حاضر کے لوگ حجری دور کے انسانوں کو جنگلی اور وحشی خیال کرتے تھے اور ان کو جمالیاتی ذوق اور لطیف احساسات سے قطعاً عاری سمجھتے تھے۔ غاروں کے حسین نقوش نے ثابت کر دیا کہ حجری انسان کا تخلیقی شعور بیدار ہو چکا تھا۔ اس کا عزم جوان تھا اور ہمت شکن حالات کے آگے سپر ڈالنے کے بجائے وہ بڑی خود اعتمادی سے ان حالات کا مقابلہ کرتا تھا اور ان کو بدلنے میں حتی المقدور کامیاب بھی ہوتا تھا۔

***

فن اور شخصیت پر مضامین

فراق گورکھپوری :

یادیں اور ملاقاتیں

مرتب : عزیز نبیل

بین الاقوامی ایڈیشن جلد منظر عام پر آرہا ہے